GOSLAR

MICHAEL SCHNELLE

WEITERE STADTFÜHRER AUS UNSERER REIHE

Bamberg • Bayreuth • Braunschweig • Erfurt • Chemnitz • Flensburg • Göttingen • Halle • Hameln • Hildesheim • Jena • Kiel • Magdeburg • Meiningen • Oldenburg • Osnabrück • Rostock • Zeitz

mitteldeutscher verlag

Aussicht von der Terrasse vor der Kaiserpfalz über die Altstadt

TOP-TIPPS

MARKTPLATZ UND ALTSTADT

Das Herz der Altstadt ist der Marktplatz mit seinem Brunnen. Der Altstadtkern wurde 1992 zum UNESCO-Weltkulturerbe erklärt. 1.500 Fachwerkhäuser unterschiedlicher Epochen haben sich innerhalb der früheren Stadtmauer erhalten. S. 26

BERGWERK RAMMELSBERG

Am Rammelsberg wurde über 1.000 Jahre Erz abgebaut. Das 1988 stillgelegte Bergwerk bietet heute als Museum einmalige Einblicke in die Bergbaugeschichte und gehört ebenfalls seit 1992 zum UNESCO-Weltkulturerbe. S. 74

OBERHARZER WASSERWIRTSCHAFT

Seit 2010 UNESCO-Weltkulturerbe, gilt sie als eines der weltweit größten vorindustriellen Energieversorgungssysteme mit Teichen, Gräben und Wasserläufen, wo das Wasser gesammelt, gespeichert und abgeführt wird. S. 90

HAHNENKLEE-BOCKSWIESE

Der Stadtteil Hahnenklee-Bockswiese liegt schon inmitten des Harzes und lockt mit einer Stabkirche, dem Liebesbankweg und einer Bergbahn auf den Bocksberg. Bei Schneelage sind hier auch Wintersportaktivitäten möglich. S. 88

VIENENBURG

Lohnend ist auch der Besuch des Stadtteils Vienenburg, wo ein interessantes Eisenbahnmuseum und das Klostergut Wöltingerode mit Brennerei locken und der Harlyturm einen herrlichen Blick über das Harzvorland bietet. S. 93

ENTDECKER-TIPPS

AUF DEN SPUREN DER JAKOBSPILGER

Auch Goslar war und ist Station auf einem der vielen Pilgerwege in Richtung Santiago de Compostela. An die Anwesenheit der Pilger im Mittelalter erinnern noch heute die Jakobistraße sowie die St.-Jakobi-Kirche. S. 52

WALDERLEBNISPFAD GOSLAR

Westlich der Altstadt beginnt unweit vom Nonnenweg beim Frankenberger Teich der rund 3 km lange Walderlebnispfad, der Jung und Alt einlädt, die Natur an insgesamt 19 Erlebnisstationen zu entdecken. S. 78

MALTERMEISTER TURM

Der Rundturm aus dem 14. Jh. gehörte zum Bergwerk Rammelsberg. Heute beginnen oder enden hier zahlreiche Wanderwege. Von der Terrasse des Ausflugslokals hat man einen atemberaubenden Blick auf Goslar und das Harzvorland. S. 77

STEINBERG-ALM

Im Westen von Goslar liegt auf rund 400 m Höhe Norddeutschlands schönste Alm, von deren Terrasse Sie in Richtung Goslar blicken. Hier locken Freizeitaktivitäten und es erwartet Sie eine Erlebnisgastronomie, u. a. mit Hüttenabenden. S. 79

SOMMERRODELBAHN AUF DEM BOCKSBERG

Die längste Sommerrodelbahn in Nordeuropa befindet sich bei der Bergstation der Bocksbergbahn in Hahnenklee. Sie selbst bestimmen das Tempo und eingebaute Jumps, Wellen und Kreisel sorgen für Nervenkitzel. S. 91 und 137

WILLKOMMEN IN GOSLAR

Es muss schon eine ganz besondere Stadt sein, die zwischen den Jahren 1009 und 1253 etliche Reichs- und Hoftage erlebte, sodass hier deutsche und europäische Geschichte geschrieben wurde und viele Besuche von Bischöfen, Königen und Herzögen stattfanden. In der Tat machten die Erze des Rammelsberges die Stadt bedeutend für die damaligen Herrscher.

Heute ist es eine lebendige Stadt mit imposanten Bauwerken verschiedenster Epochen, Kirchen und Fachwerkhäusern, malerischen Gassen und Winkeln, die zum Bummeln, Entspannen und Shoppen einlädt und noch teilweise von Wällen und Türmen umgeben ist.

Wurde unter Kaiser Heinrich III. die neu erbaute Pfalz der bevorzugte Aufenthaltsort, so hat Goslar doch auch andere berühmte Persönlichkeiten kennengelernt. 1050 erblickte Kaiser Heinrich IV. hier das Licht der Welt, 1946 verstarb in Goslar-Hahnenklee der Komponist Paul Lincke und 1959 wurde in Goslar der SPD-Politiker Sigmar Gabriel geboren. 2013 weilte George Clooney anlässlich der Dreharbeiten zum Film „The Monuments Men“ in der Stadt. Schließlich erklärte der Cartoonist und Fotograf Uli Stein bei einem Besuch im Jahr 2015, dass er schon lange in Goslar „verknallt“ sei. Und er ließ zudem verlauten, dass er nie die Stadt verlassen würde, ohne ein Stück Birnentorte in seinem Lieblingscafé gegessen zu haben.

Viel Sehenswertes, das historisches Ambiente, sehr gute Einkaufsmöglichkeiten und eine abwechslungsreiche Gastronomie ziehen in der Tat viele Besucher aus dem In- und Ausland an. Und inzwischen ist Goslar auch ein beliebter Drehort für Filme geworden. Attraktiv ist Goslar aber auch wegen seiner Museen und vielen verschiedenen Veranstaltungen, die sich über das ganze Jahr verteilen. So ist der Weihnachtsmarkt einer der beliebtesten in ganz Deutschland.

Für eine Besichtigung von Goslar sollten Sie sich vor allen Dingen Zeit nehmen. Die Altstadt lässt sich gut zu Fuß erkunden. Die Tourist-Information (S. 138) bietet verschiedene Stadtrundgänge und Themenführungen an. Möchten Sie die Stadt auf eigene Faust entdecken, dann folgen Sie einfach den hier im Buch beschriebenen zwei Rundgängen durch die Oberstadt bzw. die Unterstadt mit den Wallanlagen. Dabei kommen Sie an allen Hauptsehenswürdigkeiten der Altstadt vorbei. Ausgangspunkt ist dabei der Markt, alternativ auch am Bahnhof.

Idyllischer Winkel an der Abzucht

Bei gutem Wetter sollten Sie sich auch einen Blick von oben auf Goslar gönnen. Den Turm der Marktkirche können Sie besteigen, ebenso die Terrasse vom Zwingerturm.

Die direkte Lage am Nordrand vom Harz macht Goslar zu einem idealen Standort für Ausflüge in den Harz selbst oder in andere interessante Städte (ab S. 98)

Mit ihren rund 50.000 Einwohnern ist sie aber auch das wirtschaftliche Zentrum für das Umland, liegt nicht weit von verschiedenen Autobahnen entfernt, ist gut mit dem Zug erreichbar und auch an das Fernbusnetz angeschlossen.

VERANSTALTUNGS-KALENDER

JANUAR

Hahnenkleer Winterfest Ende Januar findet in Hahnenklee ein vielseitiges Winterprogramm mit Fackelabfahrt, Open-Air-Ski-Party und mehr statt. www.hahnenklee.de

MÄRZ/APRIL

Tag der Metallurgie Anfang März trifft sich die Branche der Nichteisen-Metallurgie für drei Tage in Goslar. www.gdmb.de

Goslarer Filmtage Für eine Woche zeigt das Goslarer Theater eine Auswahl spannender und unterhaltsamer Filme, die Kindergärten, Schulen und Vereine zu unschlagbaren Preisen besuchen können. www.filmtage.goslar.de

Ostervergnügen in Hahnenklee Versteckte Osterkörbchen im Kurpark, Kinder-Umzug, Feuershow und Konzert in der Stabkirche. www.hahnenklee.de

Goslarer Altstadtlauf In der zweiten April-Hälfte findet dieses sportliche Großereignis statt, ein traditionelles Lauftreffen für Jung und Alt über verschiedene Distanzen durch die Altstadt. www.altstadtlauf.mtv-goslar.de

Walpurgis Das traditionelle Fest findet sowohl in Goslar als auch in Hahnenklee statt. Auf dem Markt in Goslar spielen dann Livebands und es herrscht ausgelassene Partystimmung. In Hahnenklee gibt es einen Walpurgismarkt, Festumzug mit Hexen und Teufeln, Spiele-Parcours mit Hexendiplom, Feuerzauber, Livemusik, Tanz, Gaukelei usw. www.goslar.de und www.hahnenklee.de

MAI

Maibaumaufstellung Am 1. Mai findet in Hahnenklee ein Musik- und Tanzprogramm mit der Aufstellung des Maibaums statt. www.hahnenklee.de

Kunsthandwerkermarkt Zeitgleich gibt es im Kreuzgang und im Innenhof des Klosters Wöltingerode einen Kunsthandwerkermarkt. www.klosterhotel woeltingerode.de

Goslarer Churchwalk Zu dieser Traditionsveranstaltung über Pfingsten gehören u.a. unterschiedliche Konzerte, Festgottesdienste, Wanderung sowie Open-Air-Gottesdienst auf dem Domplatz. www.goslar.de

Goslarer Bierfest In der zweiten Mai-Hälfte lädt das Brauhaus Goslar mit seinen selbstgebrauten Bieren zum

Das Bierfass als Fassadenschmuck erinnert an die alte Brautradition

Biergenuss und Livemusik mit regionalen Bands am Museumsufer ein. www.brauhaus-goslar.de

Goslarer Tage der Kleinkunst Ende Mai steht Goslar im Mittelpunkt etlicher Kleinkunst-Veranstaltungen mit Musik, Clownerie und Magie, auf denen hochkarätige Künstler für Abwechslung sorgen. www.kulturkraftwerk-herzenergie.de

Internationaler Museumstag Freier Eintritt und allerlei Sonderaktionen in den Museen der Stadt an einem Sonntag in der zweiten Mai-Hälfte. www.goslar.de

JUNI

Kaisermarkt Anfang Juni findet ein mittelalterliches Markttreiben mit Handwerkern, Gauklern und Spielleuten sowie einem abwechslungsreichen Kultur- und Musikprogramm auf dem Markt statt. www.goslar.de

Welterbetag Alle UNESCO-Welterbestätten bieten am ersten Sonntag im Juni Sonderführungen und Aktionen an, insbesondere auch für Jugendliche und Kinder. www.unesco.de

Kreatives Kinderfest Mitte Juni ist die Wiese vor der Kaiserpfalz fest in den Händen der Jüngsten. Zu den Angeboten zählen u. a. Hüpfburg, Bungee-Run, Boxen, Armbrustschießen sowie ein Rahmenprogramm mit Musik und Tanz, auch der Zuckerwattestand fehlt nicht. www.goslar.de

JULI

Schützen- und Volksfest Der Juli-Beginn steht ganz im Zeichen des Schützen- und Volksfestes mit zahlreichen Fahrgeschäften, Klassikern wie auch neuen Attraktionen, Bayern-Festhalle, drei Ausmärschen und zwei Feuerwerken. www.volksfest-goslar.de

Hahnenkleer Sommerfest Am letzten Samstag im Juli findet im Kurpark von Hahnenklee ein abwechslungsreiches Festprogramm statt, das mit einem eindrucksvollen Feuerwerk endet. www.hahnenklee.de

AUGUST

Kunsthandwerkermarkt Dabei präsentieren sich in den malerischen Gassen Goslars etwa 150 Aussteller, die ihre handgefertigten Kostbarkeiten darbieten und denen man bei der Arbeit über die Schulter gucken kann. www.goslar.de

Vienenburger Seefest Mitte August findet am Westufer des Sees ein Fest mit Livemusik, Familien-Flohmarkt, Feuerwerk am Samstag sowie verschiedenen Aktionen und Darbietungen statt. www.goslar.de

Internationales Musikfest Goslar Die zweiten August-Hälfte steht ganz im Zeichen von Konzerten junger hochrangiger Künstler. www.goslar.de

Internationale Konzertarbeitswochen Parallel zum Musikfest findet eine Sommerakademie statt, zu der begleitend klassische Konzerte geboten werden. www.konzertarbeitswochen-goslar.de

SEPTEMBER

Altstadtfest Das Goslarer Altstadtfest bietet ein vielfältiges Programm mit mehreren Livemusik-Bühnen, Attraktionen für Jung und Alt, lokalen Verkaufsständen und mehr. www.goslar.de

Hahnenkleer Musikantentreffen Harzer Brauchtums- und Folkloregruppen geben einen Tag lang Einblick in die Volksmusik des Harzes. www.hahnenklee.de

Internationale Klaviertage Goslar Der Meisterkurs für Pianisten zieht junge Künstler aus allen Teilen der Welt an und endet mit zwei öffentlichen Konzerten. www.kontaktstelle-musik.de

Wöltingerode unter Dampf Das Klostergut in Vienenburg bietet ein abwechslungsreiches Programm und präsentiert landwirtschaftliche Veteranenfahrzeuge. www.klosterhotel-woeltingerode.de

10-Teiche-Marathon Dieser Marathon in Hahnenklee führt durch eine landschaftlich reizvolle Gegend und führt an zehn Teichen der Oberhar-

TIPP Die aktuellen Termine sind im Veranstaltungskalender der Stadt Goslar aufgeführt, den Sie im Internet unter www.goslar.de herunterladen können.

Kapelle auf dem Markt

zer Wasserwirtschaft entlang. www.hahnenklee.de

Honky Tonk Kneipenfestival Bei diesem Event zahlt man einmal Eintritt und hat dann freien Zutritt zu allen beteiligten Lokalitäten und deren Livemusikangebot unterschiedlichster Art. www.goslar.de

OKTOBER

Hahnenkleer Märchenwoche Anfang Oktober erwarten die Jüngsten in Hahnenklee Puppentheater, Märchen-Nachmittage sowie Märchen-Wanderungen und Zaubershows. www.hahnenklee.de

NOVEMBER/DEZEMBER

Weihnachtsmarkt und Weihnachtswald Von Ende November bis Ende Dezember findet auf dem Markt und angrenzenden Gassen der Goslarer Weihnachtsmarkt statt, der mit seiner mittelalterlichen Kulisse zu den beliebtesten in Deutschland zählt. Im ehemaligen Hospiz „Großes Heiliges Kreuz" gibt es dann ein besonderes Musikprogramm mit einem einzigartigen Ambiente. Der Schuhhof dient dagegen als Standort des einmaligen Weihnachtswaldes mit mehr als 60 illuminierten Fichten und Glühweinständen. www.goslar.de und www.weihnachtswald.de

Wöltingeroder Adventsmarkt Am ersten und zweiten Advents-Wochenende lädt das Kloster Wöltingerode zu einem stimmungsvollen Adventsmarkt mit Angeboten von Kunsthandwerkern und Leckereien ein. www.klosterhotel-woeltingerode.de

Weihnachtlicher Rammelsberg Am dritten Advent erstrahlt der historische Roeder-Stollen im festlichen Glanz unzähliger Kerzen. Mit Blas- und Zithermusik erleben die Besucher unter Tage eine besondere vorweihnachtliche Stimmung. Außerdem findet über und unter Tage ein nichtkommerzieller Weihnachtsmarkt statt. www.goslar.de

KÖNIGS-, KAISER-, REICHS- UND HANSESTADT

Goslar wäre immer ein unbedeutendes Dorf geblieben, wenn es nicht den **Rammelsberg** (S. 74) gegeben hätte. Bereits vor 3.000 Jahren wurde dort und an anderen Stellen im Harz Erz gewonnen. Ab dem Ende des 10. Jh.s gewann man in Goslar neben Kupfer auch Silber. Der Erzbergbau wurde immer systematischer betrieben, technisch weiterentwickelt und gewann so an Bedeutung. Man benötigte immer mehr Fachkräfte und das führte zu einem frühen Wachstum von Goslar. Anfang des 11. Jh.s wurde erstmals von einer Pfalz in Goslar gesprochen. Heinrich II. hielt damals mehrfach Hoftage und Synoden in Goslar ab. Die Zeit der Könige und Kaiser dauerte bis 1219, als unter Friedrich II. ein letzter Reichstag stattfand und Goslar ein Stadtrechtsprivileg erhielt. In dieser Blütezeit wurde die Stiftskirche St. Simon und Judas, der Goslarer

Dom, erbaut, von der heute nur die Domvorhalle erhalten ist, und natürlich die Kaiserpfalz mit der St.-Ulrichs-Kapelle. In dieser Zeit gingen hier Herzöge, Bischöfe und andere hochrangige Gäste ein und aus. Von hieraus wurde Weltpolitik gemacht. Damals hatte Goslar das Ausmaß der heutigen Altstadt erreicht, war von einer Stadtbefestigung umgeben, hatte etliche Kirchen, darunter die damalige Domkirche und die **Marktkirche** von 1151 (S. 32) sowie eine gut funktionierende Wirtschaft mit Bergbau, Hüttenwesen, Metallhandel und einer Münzprägestätte. Häufiger wurde Goslar damals als das „Nordische Rom" bezeichnet.

Auch nach dem Ende der Kaiserzeit kam Goslar besondere Bedeutung als Handelsplatz zu, wenngleich der Bergbau für rund 100 Jahre nur geringe Produktivität aufwies und zeitweise ganz zum Erliegen kam. 1356 erwarb Goslar die Rechte am Rammelsberg pfandweise vom Herzogtum Braunschweig-Wolfenbüttel zurück, denn Friedrich II. hatte den Rammelsberg 1235 dem Herzogtum Braunschweig-Lüneburg geschenkt. Ab 1460 begann eine neue Blütezeit des Bergbaus mit

Der Adler auf dem Marktbrunnen

hohen Erträgen, in der große Teile des noch heute bestehenden spätmittelalterlichen Stadtbildes erbaut wurden. Um 1270 wurde Goslar Mitgliedschaft in einem Städtebund, der später Hanse genannt wurde. 1340 erkaufte man sich das Privileg Freie Reichsstadt. Das Wappentier Goslars, der Adler auf dem **Marktbrunnen** (S. 26), symbolisiert bis heute die Reichsfreiheit und die Machtstellung der Goslarer Bürgerschaft. Seine Mitgliedschaft in der Hanse nutzte Goslar nur strategisch, um sich gegenüber seinen Nachbarn zu behaupten. Anfang des 16. Jh.s erinnerte sich das Herzogtum Braunschweig-Wolfenbüttel an seine Eigentumsrechte am Rammelsberg und zahlte die Pfandsumme zurück. Es folgten lange Auseinandersetzungen, bis Goslar 1552 endgültig die Rechte am Rammelsberg verlor. Damit endete Goslars Blütezeit, an die heute viele aus damaliger Zeit stammende Sehenswürdigkeiten erinnern und den Reiz der Stadt ausmachen.

WELTKULTURERBE IN UND UM GOSLAR

Goslar und seine Umgebung sind reichlich bedacht mit UNESCO-Welterbestätten. Seit dem 14. Dezember 1992 gehören die gesamte Altstadt von Goslar und das ehemalige Erzbergwerk Rammelsberg dazu. Am 1. August 2010 kam dann noch die Oberharzer Wasserwirtschaft hinzu.

Doch Goslar hat noch mehr vor. Das historische **Rathaus** (S. 28) mit seinem Huldigungssaal direkt am **Markt** (S. 26) wird bis 2018 umfassend saniert, innen neu gestaltet und mit einem kleinen Anbau versehen. Zukünftig soll es hier ein Welterbe-Info-Zentrum mit zahlreichen Ausstellungsräumen geben, und auch die Tourist-Information wird hierher umziehen.

Am ersten Sonntag im Juni feiert Goslar den deutschlandweiten Welterbetag für Bürger und Besucher und bietet ein buntes Fest mit Stadtgeschichte zum Anfassen.

Mit mehr als 1.500 Fachwerkhäu-

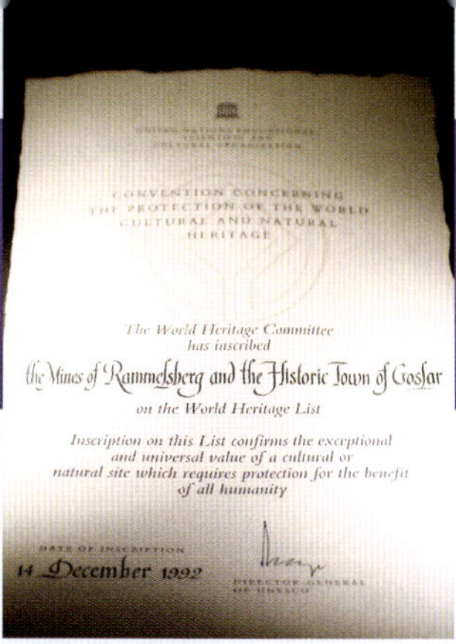

Ernennungsurkunde zum Weltkulturerbe

sern aus unterschiedlichen Epochen in der Altstadt, die früher komplett von einer Stadtmauer umgeben war, den zahlreichen Kirchen, dem Rathaus und anderen Sehenswürdigkeiten lässt sich hier auch noch heute die Geschichte der Stadt auf Schritt und Tritt verfolgen. Als Besucher haben Sie die Qual die Wahl und können die Altstadt ganz unterschiedlich erkunden.

Für den individuellen Bummel empfehlen sich die hier im Buch beschriebenen Rundgänge **„Durch die Oberstadt"** (ab S. 22) bzw. **„Durch die Unterstadt und die Wallanlagen"** (ab S. 56).

Falls Sie die Stadt nicht allein erkunden möchten, können Sie beispielsweise an einer der vielen Stadt- oder Themenführungen teilnehmen, die meist an der Tourist-Information (S. 138) beginnen, wo Sie auch die Karten für die Besichtigungstouren erhalten.

Gemütlicher können Sie Goslar mit der **Bimmelbahn** (S. 31) auf einer 6,5 km langen Rundtour erleben oder eine **nostalgisch Kutschfahrt** (S. 34) durch die verwinkelten Gassen der Altstadt machen.

Das 1988 stillgelegte B**ergwerk Rammelsberg** (S. 74) ist eines der herausragenden Industriedenkmäler Europas, das heute als Museum und Besucherbergwerk einen spannenden Einblick in die uralte bergmännische Arbeit bietet. Neben vier Museumshäusern bietet es auch unter Tage im Rahmen unterschiedlicher Führungen ein ganz besonderes Erlebnis.

Schließlich gilt die **Oberharzer Wasserwirtschaft** (S. 90) mit einem Teich- und Grabenverbundsystem als weltweit größtes vorindustrielles Energieversorgungssystem. Erhalten geblieben sind 107 historische Teiche, 310 km Wassergräben und 31 km unterirdische Wasserläufe. Allein in und um den Stadtteil Hahnenklee liegen 12 Teiche der Oberharzer Wasserwirtschaft. Die Wege an den Gräben und Teichen sind bei Radlern, Wanderern und auch Spaziergängern äußerst beliebt. Im Bereich Hahnenklee berührt der **Liebesbankweg** (S. 90) eine Reihe dieser Teiche.

HEXEN UND DIE WALPURGISNACHT

Der ursprünglich bis zur ersten Hälfte des 16. Jh.s Blocksberg genannte Brocken galt seinerzeit als Ort für Hexenversammlungen und seit der zweiten Hälfte des 17. Jh.s als Hauptversammlungsort der Hexen aus ganz Deutschland. Durch das Werk Goethes „Eine Tragödie", das eine Szene einer Walpurgisnacht enthält, wurde die Bekanntheit der Brockenhexen wesentlich gesteigert und der Brocken auch außerhalb von Deutschland als Hexenberg bekannt. Heute erinnern u. a. der 2003 eröffnete Harzer Hexensteig, der den Harz durchquert, an frühere Zeiten, die in allen Souvenirgeschäften erhältlichen Hexen und natürlich die Walpurgisnacht vom 30. April auf den 1. Mai.

Die gesamte Harz-Region war im 16. Jh. aber auch ein Zentrum der Hexenverfolgung. Als Hexe galt damals ein besonderes mit magischen Fähigkeiten ausgestattetes

Wesen, insbesondere Frauen, die mit dem Teufel verbündet waren. Nach der Einführung der Reformation im Jahre 1526 gab es in Goslar 1530 den ersten Hexenprozess. In der Stadt starben wohl insgesamt 28 Menschen als Opfer von Hexenverfolgungen; das erste im Jahr 1588, das letzte vermutlich 1644.

Heute erinnern die Walpurgisnachtfeiern in mehr als zwanzig Harzorten an den damaligen Hexenkult, die heute 100.000 bis 150.000 Menschen jedes Jahr anziehen. Der Name kommt von der Heiligen Walburga, deren Gedenktag im Mittelalter am 1. Mai gefeiert wurde.

Auch Goslar ist in der Walpurgisnacht vom 30. April zum 1. Mai total verhext. Die Besucher treffen dann auf düstere Gestalten, dämonenhafte Wesen, freche Teufel, knorrige Alte und schaurig schöne Hexen. Wer sich verkleiden möchte, erhält dann in der Tourist-Information alles, was dazu nötig ist, u.a. Hüte, Nasen, Teufelshörner, Masken, Teufelsgabeln und natürlich Besen. Erwachsene wie Kinder können sich zudem ab 15 Uhr dort auch schminken lassen. Das Spektakel beginnt bereits um 13 Uhr auf dem Marktplatz. Dazu gehören

Brockenturm Torfhaus

natürlich Teufelssteak, Hexenpfanne, Livemusik bis in die Nacht hinein und Hexenfeuer in Erinnerung an das Hexenverbrennen.

Falls Sie speziell zur Walpurgisnacht in Goslar übernachten möchten, dann sollten Sie die Unterkunft Monate im Voraus buchen. Aber auch außerhalb der Walpurgisnacht trifft man dann und wann bei Festen am Abend in unterschiedlichen Lokalitäten eine der Brockenhexen, natürlich mit Besen, die dann zur Unterhaltung der Gäste beiträgt.

Die Hexe ist heute aber auch das absolute Werbesymbol des Harzes. Als meist verkauftes Souvenir sind alle sehr unterschiedlich in ihrem Erscheinungsbild. Alte wie junge sind dabei, schöne wie hässliche, oft ist die Kleidung geflickt, einige tragen eine Brille und Pantoffeln, andere ein Kopftuch oder Spitzhut. Meist reitet sie natürlich auf einem Besen, und oftmals ist der Brocken im Hintergrund dargestellt.

DIE GRÜNEN SEITEN GOSLARS ENTDECKEN

Auf den ersten Blick ist es vielleicht enttäuschend, dass es innerhalb der Stadt Goslar nur sehr wenige Grünflächen gibt. Das wird aber vollkommen ausgeglichen durch die grüne Umgebung, die am Stadtrand beginnt.

Die Altstadt selbst wird noch heute von den Resten einer Stadtmauer sowie Wällen und Gräben umgeben. Letztere wurden in eine Garten- und Parklandschaft mit idyllischen Wasserflächen umgestaltet, die sich als grüner Gürtel um die Innenstadt herumzieht. Der **Romanische Garten** (S. 50) bei der Neuwerkkirche vermittelt die Geheimnisse alter Nutzpflanzen und ist frei zugänglich. Weitere grüne Oasen sind der **Pfalzgarten** (S. 40) und der **Ulrichsche Garten** (S. 69).

Nördlich des Stadtteils Vienenburg liegt im Harz-Vorland der bewaldete **Höhenzug Harly** (S. 97) mit einem Aussichtsturm, der im Rahmen einer Rundwanderung bestiegen werden kann. Vom Stadtteil Oker, benannt nach dem gleichnamigen Fluss, der hier den

Harz verlässt, kann man das als Wandergebiet beliebte Okertal erkunden oder den nördlich gelegenen **Sudmerberg** (S. 83) mit einem Aussichtsturm besteigen.

Ein äußerst beliebtes Wanderziel ist auch der **Maltermeisterturm** (S. 77) mit Ausflugslokal oberhalb vom Bergwerk Rammelsberg. Südöstlich der Altstadt beginnt beim Frankenberger Teich der **Goslarer Walderlebnispfad** (S. 78) mit etlichen Stationen. Sie können seine Begehung auch mit einem Ausflug zur **Steinberg-Alm** (S. 79) verbinden, die urigste Alm Norddeutschlands im Harz.

Der südlich von Goslar ansteigende Harz ist heute ein Naturpark, der 1960 gegründet wurde und den Niedersächsischen Teil des Harzes ohne das Nationalparkgebiet im Oberharz umfasst. Im Gesamtgebiet finden Sie etwa 4.300 km markierte Wanderwege und ca. 2.000 km Radwege bzw. Mountainbike-Strecken. Der Stadtteil Hahnenklee-Bockswiese liegt schon inmitten des Naturparks und bietet unzählige Wandermöglichkeiten, auf denen Sie den Harz entdecken können. Beliebt ist dort der **Liebesbankweg** (S. 90) um den Bocksberg, der auch viele Teiche der Oberharzer Wasserwirtschaft berührt.

Walderlebnispfad:
Wie weit springt wer?

Radfahren ist zwar derzeit ein Trendsport, aber nur das Harz-Vorland ist für Touren-Radler geeignet, der eigentliche Harz aufgrund der Höhenunterschiede eher dem Mountain-Biker vorbehalten. Als normaler Radler können Sie von Goslar aus den ausgeschilderten Harzrundweg für Radfahrer befahren. Die 311 km lange Strecke führt von Goslar um den ganzen Harz herum, Einzelheiten unter www.adfc-tourenportal.de. Weitere Vorschläge für Tagestouren finden Sie unter www.outdooractive.de und unter www.bergfex.de.

Die Internet-Seite www.volksbank-arena-harz.de bietet eine Übersicht für Mountainbike-Routen im Harz. Davon starten die Touren G1–G5 am Bahnhof von Goslar. Im Stadtteil Hahnenklee gibt es zudem am Bocksberg den **Bikepark Hahnenklee** (S. 137) mit sieben unterschiedlich schwierigen Abfahrten und ein Übungsparcours.

WINTERSPASS IN UND UM GOSLAR

Goslar selbst liegt am Rand des Harzes und bietet somit nicht die Schneesicherheit der höher gelegenen Harzorte. Trotzdem ist der Weihnachtsmarkt ein absoluter Publikumsmagnet Goslars. In höheren Lagen des Harzes begeistern tief verschneite Wälder, bizarr gefrorene Wasserläufe und im Sonnenlicht glitzernde Eiskristalle Klein wie Groß. Kinder finden ihren Spaß bei ausgelassenen Schneeballschlachten, rasanten Schlittenfahrten und mehr. Den Winter erleben können Sie natürlich auch im Goslarer Stadtteil Hahnenklee-Bockswiese.

Hahnenklee selbst liegt auf eine Höhe von 570 m, der Bocksberg erreicht 726 m. In und um Hahnenklee und das kleinere Bockswiese gibt es vielfältige Wintersportmöglichkeiten: Für Langläufer stehen drei Loipen zur Verfügung, eine leichte Übungsloipe von 800 m Länge beim Kranicher Teich, die Schulberg-Loipe von 5 km Länge und die Hahnenkleer Berglopie von 6 km Länge, beide leicht bis mittelschwer.

Gondel hinauf zum Bocksberg

Am Bocksberg, der per Kabinenbahn oder Sessellift erreichbar ist, gibt es fünf unterschiedliche Abfahrtspisten mit einer Gesamtlänge von 4,1 km. Sie stehen Ski- und Snowboardfahrern gleichermaßen zur Verfügung. Rodelbegeisterte erwartet eine komplett beleuchtete 1.500 m lange Rodelbahn, die auch in der Abenddämmerung noch für viel Spaß sorgt. Samstags ist die Rodelpiste sogar bis 21.30 Uhr geöffnet.

Ist der Kleine Kranicher Teich zugefroren, wird er in drei Bereiche aufgeteilt und lädt zum Eislaufen, Eisstockschießen und Eishockeyspielen ein. Großer Beliebtheit erfreut sich bei allen Altersstufen auch das Schneeschuhwandern. So beginnt am Ferienpark Hahnenklee ein 2 km langer Schneeschuhwanderweg. Wer es noch gemütlicher haben möchte, findet um Hahnenklee und Bockswiese elf verschiedene geräumte Winterwanderwege.

Skier, Schlitten, Snowboards und Schneeschuhe können vor Ort auch in einschlägigen Geschäften geliehen werden. Auch Ski- und Snowboardkurse werden angeboten. Zu den typischen Winterveranstaltungen gehören meist freitags eine geführte Fackelwanderung, samstags eine Fackelabfahrt vom Bocksberg mit Après-Ski-Party, bei zugefrorenen Teich eine Eisdisco, Kaminabende auf der Bocksberghütte und zur Jahreswende eine Silvester-Hütten-Party auf dem Bocksberg. Ende Januar findet dann alljährlich das Hahnenkleer Winterfest mit zahlreichen Attraktionen statt.

Wem das Wintervergnügen in Hahnenklee-Bockswiese nicht reicht, hat in Verbindung mit einem Aufenthalt in Goslar natürlich noch in anderen Harzorten, z. B. Torfhaus mehr Möglichkeiten. Bei Benutzung des Großen Torfhauslifts erwartet Sie eine 400 m lange Abfahrt, der Rodellift Brockenblick ermöglicht eine Rodelabfahrt von 300 m Länge. Daneben gibt es etliche gespurte Langlaufloipen. Auch die Teilnahme an einer geführten Winterwanderung mit Fährtensuche kann sehr interessant sein, mehr unter www.torfhaus.info.

RUNDGANG DURCH DIE OBERSTADT

Lebendiger Mittelpunkt der Altstadt war schon immer der Marktplatz mit seinem Brunnen, um den sich zahlreiche historische Bauten gruppieren, darunter das Kaiserring-Haus an der Ostseite, im Süden die Kaiserworth, einst das Gildehaus der Gewandschneider und Fernhändler sowie an der Westseite das Historische Rathaus. Unweit vom Marktplatz liegt auch die Marktkirche. An der südlichen Altstadtgrenze befindet sich schließlich der Pfalzbezirk mit der einstigen Kaiserpfalz und der Kapelle St. Ulrich sowie die Domvorhalle als Rest des einstigen Doms. Im Norden der Altstadt liegen dagegen zwei weitere bedeutende Kirchenbauten nämlich die Neuwerkkirche eines ehemaligen Klosters und die Jakobikirche.

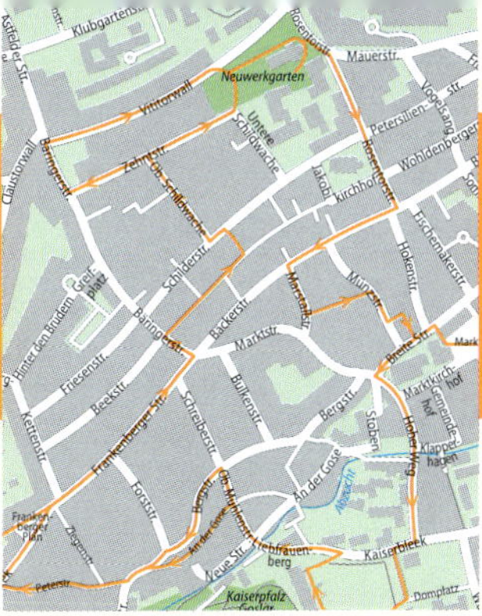

siehe große Karte S. 24/25

SEHENSWERTES

Historisches Rathaus Die gotische Schaufront ist ein echter „Hingucker" am Marktplatz. Im Inneren ist der Huldigungssaal, der alte Sitzungsraum vom Rat, sehenswert. S. 28 4

Marktkirche Ihre Türme überragen die Altstadt. Der Nordturm kann bestiegen werden. Bemerkenswert: die neun mittelalterlichen Glasfenster und die Bibliothek. S. 32 9

Domvorhalle Die Domvorhalle, Rest des ursprünglichen Doms, hat heute mehr geschichtliche Bedeutung, die meisten Kunstwerke befinden sich im Goslarer Museum. S. 36 13

Kaiserpfalz Sie erinnert an die Zeit der Königs- und Kaiseraufenthalte. Sehenswert ist insbesondere der Kaisersaal. In der angebauten St.-Ulrich-Kirche ruht das Herz Kaiser Heinrich III. S. 37 14

GASTRONOMIE

Brauhof Heute ein Zentrum des Nachtlebens. Hier finden Sie die Kultkneipe „Minna's alte Liebe", die Disco „Zicke", den „Klub Kartell" oder auch die Pizzeria „Pizza Plaza". S. 119, 121 21 34 36

ÜBERNACHTEN

Hotel Brusttuch Wohnen hinter historischen Mauern im 1521–26 erbauten Bürgerhaus direkt im Zentrum der Stadt. S. 128 7

Hotel Alte Münze 4-Sterne-Hotel mit historischem Ambiente im Amtshaus der Münze von 1509 und dem Ausspann von 1644. S. 127 2

Alte Tür am Vititor

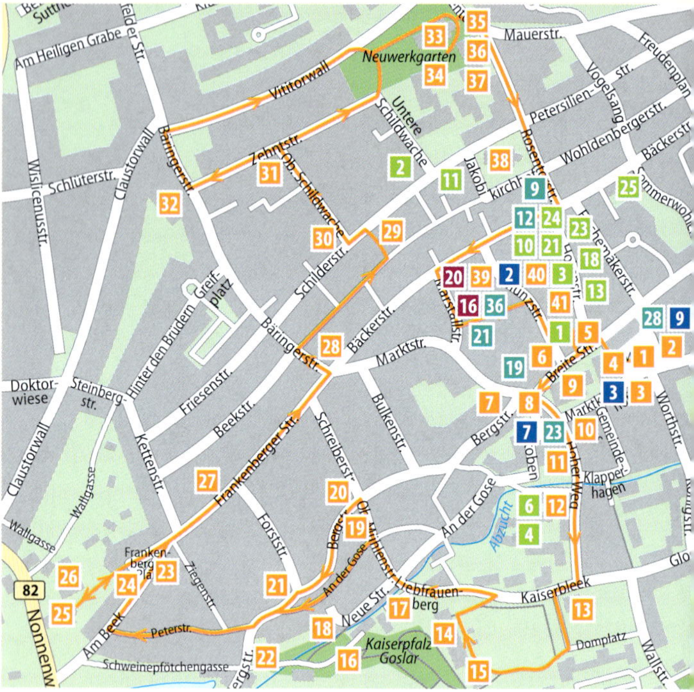

SEHENSWERTES

1 Marktplatz mit Brunnen S. 26
2 Kaiserringhaus S. 27
3 Kaiserworth S. 27
4 Historisches Rathaus S. 28
5 Fleischscharren S. 31
6 Stadtbibliothek S. 31
7 Bäckergildehaus S. 31
8 Brusttuch S. 32
9 Marktkirche S. 32
10 Marktkirchhof S. 35
11 Patrizierhaus Hoher Weg S. 35
12 Großes Heiliges Kreuz S. 35
13 Domvorhalle S. 36
14 Kaiserpfalz S. 37
15 Pfalzkapelle St. Ulrich S. 39
16 Pfalzgarten S. 40
17 Liebfrauenberg S. 40
18 Oberes Wasserloch S. 41
19 Haus Magnus Karsten S. 41
20 Siemenshaus S. 41
21 Bergmannshaus S. 43
22 Klauskapelle S. 43
23 Frankenberger Plan S. 43
24 Kleines Heiliges Kreuz S. 45
25 Frankenberger Kirche S. 45
26 Kloster Frankenberg S. 46
27 Kemenate Röver S. 46
28 Fachwerkensemble Bäckerstraße S. 47
29 Mönchehaus Museum S. 47
30 Fachwerkhaus Schilderstraße S. 48
31 Stadtarchiv S. 48
32 Kloster St. Viti/Vititor S. 48
33 Neuwerkkirche S. 48
34 Romanischer Garten S. 51
35 Schäferturm S. 51

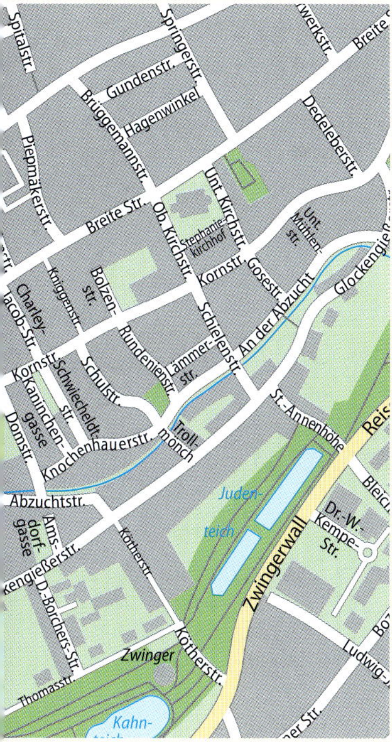

36 Rosentor S. 52
37 Altes Standesamt S. 52
38 Jakobikirchhof/ St.-Jakobi-Kirche S. 52
39 Brauhof S. 55
40 Alte Münze S. 55
41 Schuhhof S. 55

GASTRONOMIE

9 Das Schwarze Schaf S. 117
12 Trüffel S. 117
19 Golden Palast S. 119
21 Pizza Plaza S. 119
23 Barock-Café Anders S. 119
28 Schiefer erleben S. 120
36 Minna's Alte Liebe S. 121

EINKAUFEN

1 Kingfischer S. 123
2 Floh's Rappelkiste S. 123
3 Glasgravur Schneider S. 123
4 Glas- und Holzstudio Stegert S. 123
6 Max Horte S. 123
10 Wollstube Goslar S. 124
11 Bücher Bär S. 124
13 Böttcher S. 124
18 La Provence S. 125
21 Flair S. 125
23 Leder-Stube S. 125
24 Holzberg Dessous S. 126
25 Mode Express No. 1 S. 126

ÜBERNACHTEN

2 Hotel Alte Münze S. 127
3 Hotel Kaiserworth S. 127
7 Hotel Brusttuch S. 128
9 Hotel-Restaurant Schiefer S. 129

KULTUR UND FREIZEIT

16 Klub Kartell S. 135
20 Zicke S. 136

RUNDGANG Markt – Fleischscharren – Marktstraße – Hoher Weg – Domplatz – Kaiserpfalz – Kaiserbleek – Liebfrauenberg – dann entweder über die Neue Straße und An der Gose weiter oder Obere Mühlenstraße – Bergstraße – Peterstraße – Am Beek – Frankenberger Plan – Frankenberger Straße – Bäringerstraße – Jakobistraße – Mönchestraße – Schilderstraße – Obere Schildwache – Zehntstraße – Neuwerkkirche oder Zehntstraße – Bäringerstraße – Vititorwall – Neuwerkkirche, weiter Rosentorstraße – Bäckerstraße – Marstallstraße – Brauhof – Münzstraße – Schuhhof – Fleischscharren – Markt

Markt mit Brunnen

1 MARKTPLATZ MIT BRUNNEN S. 24

TOP-TIPP

Der von historischen Gebäuden umgegebene Marktplatz von Goslar ist das Herz der Altstadt. Er entstand mit Erweiterung des Stadtgebiets Richtung Süden, also zum Flüsschen Abzucht hin. Hier findet heute zwar kein Wochenmarkt mehr statt, dafür viele andere Veranstaltungen im Laufe des Jahres, darunter auch der bekannte Weihnachtsmarkt. Durch seine zahlreichen Restaurants und Cafés ist er aber zu fast jeder Tages- und Nachtzeit durch Einheimische und auch Gäste bevölkert.

Die ungleichen Türme der Marktkirche überragen den Platz, an dem alte Fachwerkhäuser und auch bedeutende historische Gebäude liegen, etwa das Kaiserringhaus, die Kaiserworth, und das Historische Rathaus. Im Haus Markt 7 befindet sich auf der Ostseite auch die Tourist-Information, die nach dem Umbau des Rathauses bis 2018 aber nach dorthin umziehen wird.

Mittelpunkt des Marktplatzes ist der große Brunnen, der hier allerdings erst seit 1834 steht. Er besteht aus zwei Bronzeschalen, wobei die untere erheblich größer als die obere ist. Die untere Brunnenschale stammt aus dem 12. Jh. und ist der größte Bronzeguss der romanischen Zeit überhaupt, eine handwerkliche Meisterleistung. Die obere Schale dagegen entstand vermutlich zwischen 1200 und 1230 und war einst mit ihrem Sockel ein selbstständiger Brunnen. Geschmückt ist der Brunnen mit Fabelwesen, darunter zwei Drachenköpfe, die Männer verschlingen. Gekrönt wird der

Kaiserringhaus: Glockenspiel mit Figuren

Brunnen von einem vergoldeten Reichsadler, eine Kopie des Originals, das im Goslarer Museum zu finden ist, da dieser immer wieder das Ziel feuchtfröhlicher Souvenirjäger war.

2 KAISERRINGHAUS S. 24

Gegenüber vom Rathaus liegt auf der Ostseite des Marktplatzes das schieferverkleidete Kaiserringhaus mit romanischen Kellergewölben. Es diente einst als Kämmereigebäude, war Sitz des Amtsgerichtes und Verwaltungsgebäude der städtischen Finanzabteilung. 2007 wurde es komplett saniert, heute befindet sich hier das Hotel-Restaurant Schiefer (S. 129). Am Giebel befindet sich eine Uhr mit drei Türchen darunter, die dem Glockenspiel mit Figurenumgang dienen, eigentlicher Anziehungspunkt des Gebäudes. Es wurde 1968 von der Preussag anlässlich des Jubiläums von 1.000 Jahren Rammelsberger Bergbau gestiftet. Die winzigen Bergarbeiter in Bergmannstracht vom Figurenumlauf erzählen die Geschichte des Rammelsberger Bergbaus, untermalt vom Glockenspiel.

Markt 6 • Glocken- und Figurenspiel: 9/12/15/18 Uhr, Morgenlied: 8.30 Uhr, Abendlied: 18.30

3 KAISERWORTH S. 24

Auf der Südseite vom Markt an der Ecke zur Worthstraße liegt der markante ockerfarbene Renaissance-Bau, der zwischen 1940 und 1980 weiß gestrichen war. Das heutige Gebäude von 1494 steht auf den Grundmauern eines ersten Baus aus dem Jahre 1274. Es diente als Gildehaus der reichen und vornehmen Zunft der Gewandschneider und Fernhändler, im Mittelalter

Kaiserworth bei Tag

der wichtigste ratsfähige Verband der Stadt. Man sagt, dass einst hier mehr Politik betrieben wurde als im benachbarten Rathaus. Die Gilde unterhielt hier Lager-, Verkaufs- und Veranstaltungsräume. Der eindrucksvolle Bau mit seinen Arkaden, ursprünglich für Verkaufsstände genutzt, und die Konsolfiguren bezeugen den einstigen Reichtum dieser Gilde und der Stadt. Darauf verweisen auch die Figuren der Abundantia, der römischen Göttin des Überflusses, und des unter ihr hockenden Dukatenmännchens, volksmundlich „Dukatenscheißer" genannt, der Gold aus seinem Allerwertesten produziert und sicherlich eines der meistfotografierten Motive der Stadt ist. Ursprünglich ist auch die Plastik des Herakles; die acht hölzernen Kaiserfiguren kamen nach 1820 hinzu und ersetzten andere Gestalten. Einst hieß das Gebäude nur Worth, abgeleitet von Werder für einen hochwassergeschützten Grund, und wurde seit 1831 als Gasthaus und Hotel betrieben. Der heutige Name wird erst seit 1836 benutzt. 1991/92 wurde das Gebäude umfassend renoviert und beherbergt heute das Hotel Kaiserworth (S. 127).
Markt 3

4 HISTORISCHES RATHAUS S. 24

Die Westseite des Marktes nimmt der Ostflügel des Historischen Rathauses ein, dessen Arkaden sich zu diesem öffnen. Mit dem Bau wurde um 1450 begonnen, und über mehr als 400 Jahre wurde das Gebäude immer wieder vergrößert. Der heutige Eindruck wird jedoch durch das 16. Jh. geprägt, eine Blütezeit für Goslar. Ursprünglich diente das Erdgeschoss als Kaufhalle, das Obergeschoss als Gerichts- und Ratssaal. Im Keller befand sich einst die Ratsweinstube, das einzige Lokal, in dem Wein angeboten wurde, damals noch ein Luxusgut Bereits um 1500 wurde die Marienkapelle angebaut, in deren Obergeschoss das erste städtische Archiv seinen Platz fand. Weitere Anbauten folgten. Die Stadtverwaltung sitzt zwar heute in einem Verwaltungsgebäude in der Charley-Jacob-Straße 3, das Rathaus ist aber noch immer Sitz vom Oberbürgermeister. Auch die Ratssitzungen finden noch immer in der großen Däle unter einem wunderschönen hölzernen blauen Sternenhimmel statt.

Rathaus-Südseite mit Zugang zum Huldigungssaal

Für Besucher hat aber insbesondere der Huldigungssaal im nordwestlichen Anbau große Bedeutung. Dieser wurde zwischen 1505 und 1520 als Ratssitzungssaal eingerichtet, ist einzigartig, 7,30 m lang und auch breit sowie 3,30 m hoch. In spätgotischer Raumkunst sind die Wände, die Decke und auch die Fensternischen vollständig mit Tafelgemälden ausgestattet. Alles sind Kunstwerke von hoher Qualität. In der Technik von Öl und Holz werden Szenen aus dem Leben von Jesu, der Evangelisten und Propheten dargestellt. Daneben findet man abwechselnd elf Kaiser und zwölf Sibyllen. Die einzelnen Wandtafeln sind zudem mit abwechslungsreichem Ranken-Schnitzwerk versehen. An der Ostseite sind die Vertäfelungen als zweiflügelige Tür gearbeitet, die den Zutritt zur Trinitatiskapelle ermöglicht, einem mit Wandmalereien ausgeschmückten Altarraum. Man kann den Huldigungssaal aber nur von einer mit Glas geschützten Nische aus betrachten. Dazu gehört eine Ausstellung, die den Besucher in die Geschichte und seine Bedeutung einführt. In einer verkleinerten Nachbildung werden die Besucher multimedial in die Vergangenheit entführt.

Bereits 2011 begannen umfangreiche Sanierungsarbeiten am Rathaus, die noch andauern, denn das Gebäude wird bis 2018 in ein Informationszentrum für das UNESCO-Welterbe Altstadt Goslar, Bergwerk Rammelsberg und Oberharzer Wasserwirtschaft umgebaut. Auch die Tourist-Information wird dann ins Rathaus umziehen.

Huldigungssaal im Rathaus • Markt 1 (Zugang vom Marktkirchhof) • 2. Hälfte März–Ende Okt. sowie während des

Stadtbibliothek

Weihnachtsmarkts außer am 24.12., Mo.–Fr. 11–15 Uhr, Sa./So. 10–16 Uhr • Zugang während der Schließungszeit nur im Rahmen der Stadtführung „Tausend Schritte durch die Altstadt", tägl. 10 Uhr ab Tourist-Information

5 FLEISCHSCHARREN UND GOSLARER BIMMELBAHN S. 24

Nördlich vom Markt verläuft die Straße Fleischscharren, heute Teil der Fußgängerzone. Der Name geht zurück auf die sogenannten Scharren, die Verkaufsstände der Metzger, die hier Fleisch verkauften. An der Nordseite des Rathauses befindet sich hier auch die Start-Haltestelle der Goslarer Bimmelbahn. Eine Rundfahrt vorbei an vielen Sehenswürdigkeiten dauert etwa 35 Min.

Abfahrtsstelle Fleischscharren, Rathaus-Nordseite • Tel.: 05321 686465 und 0171 1856136 • www.goslarer-bimmelbahn.de • Apr.–Okt. 10.30 Uhr, dann stündlich 11.15–16.15 Uhr, Juli–Sept. auch 17.15 Uhr

6 STADTBIBLIOTHEK S. 24

Nach dem Schuhhof liegt am Beginn der Marktstraße rechts ein bemerkenswertes Fachwerkhaus mit der Stadtbibliothek. Das Gebäude selbst geht auf 1526 zurück. Auffallend sind der fünfseitige Erker im oberen Bereich und die reich verzierte Dälentür. 1881 wurden die Fachwerkgebäude Marktstraße 1 und 1 a zu einem Komplex zusammengeschlossen. 1919 erwarb die Stadt das Gebäude und nutzte es zunächst für unterschiedliche Zwecke. Anfang des 20. Jh.s eröffnete man hier dann die Stadtbücherei mit einer städtischen Lese- und Wärmehalle. Eine frühere Polizei-Zelle dient heute als Lesezelle mit Wickeltisch für die kleinsten Bibliothekskunden. Die Bibliothek nutzt heute nur das Erdgeschoss, während im Obergeschoss ein Teil der Stadtverwaltung zu finden ist. Ende 2017 müssen beide ausziehen, das Gebäude wurde verkauft und soll ein 5-Sterne-Hotel werden. Ein neuer Standort für die Stadtbücherei wird gesucht.

◀ Eingang zur Stadtbibliothek

Marktstraße 1 • Tel.: 05321 704356 • www.stadtbibliothek.goslar.de • Di./Do. 10–13/14–18 Uhr, Mi. 10–13 Uhr, Fr. 10–13/14–17 Uhr, Sa. 9–13 Uhr

7 BÄCKERGILDEHAUS S. 24

An der Gabelung von Marktstraße und Bergstraße liegt das Bäckergildehaus, das in den Jahren 1501–1557 erbaut wurde und ein Beispiel für das Selbstbewusstsein und den Reichtum des damaligen Bürgertums war. Es besteht aus zwei Geschossen, der Giebel zeigt zur Marktkirche. Das hohe Untergeschoss besteht aus Bruchstein, das leicht vorkragende Obergeschoss aus Fachwerk. In den Schwellbalken befinden sich Inschriften. Auf der Giebelseite findet sich auch das Wappen der Bäcker mit der Jahreszahl 1501, bestehend aus dem ungekrönten Goslarer Adler mit Brezel, Lebkuchen und Timpenbrot als Schild. Die Fachwerketage mit dem wunderschönen Erker entstand erst 1557 und diente einst als Lagerraum für die Getreideprodukte, während sich die Verkaufsräume in Gewölben etwas unter dem Straßenniveau befanden. Die darüber liegende Halle diente Festlichkeiten und Beratungen. Heute ist das Haus Sitz einer Zweigstelle der Industrie- und Handelskammer Braunschweig.

Marktstraße 45

8 BRUSTTUCH S. 24

An der Ecke zum Hohen Weg steht mit einem spitzen Giebel eines der schönsten Patrizierhäuser Goslars, das sogenannte Brusttuch, heute ein Hotel (S. 128). Es wurde zwischen 1521 und 1526 im Auftrag des damaligen Hüttenbesitzers Johannes Thalling erbaut. Der seltsame Name ist wohl auf den Stand der Kunstschneider zurückzuführen, den sogenannten „Brostdökern", die hier früher an Markttagen vor dem Haus ihre Verkaufsstände hatten. Es diente auch als Gildehaus und ist im Bereich des Fachwerk-Obergeschosses reichhaltig mit Figurenschmuck versehen, wobei die Figuren schwer zuzuordnen sind. Gekrönt wird das Gebäude von einem windschiefen Schieferdach. Erwähnenswert ist insbesondere die „Butterhanne", eine in zeitgenössischer Tracht gekleidete Magd, die mit der einen Hand ihren Rock bis über das Gesäß geschoben hat und mit der anderen im Butterfass stampft. Ihr entblößtes Hinterteil zeigt zu dem auf der benachbarten Knagge sitzenden Teufel.

Hoher Weg 1

9 MARKTKIRCHE ST. COSMAS UND DAMIAN S. 24

Gegenüber dem Brusttuch liegt das Westportal der mächtigen Marktkirche. Ihre beiden Heiligen waren frühchristliche Ärzte, die im 3. Jh. Wunderheilungen vollbracht haben sollen. Aus diesem Grunde gelten beide als Schutzheilige der Kranken, Ärzte und Apotheker. Sie ist die Ratskirche und auch die evangelische Hauptkirche der Stadt, nachdem es den Dom nicht mehr gibt.

Urkundlich wurde die inmitten der historischen Altstadt stehende kreuzförmige romanische Pfeilerbasilika erstmals 1151 erwähnt. Vermutlich stammt aber der zentrale Teil des Bauwerks aus dem 11. Jh., wobei es aber wohl einen Vorgängerbau gegeben hat. 1295 wurde der Hauptchor gotisch neu erbaut, 1336 erfolgte eine Erweiterung auf fünf Schiffe. Mit der Reformation in Goslar wurde die Kirche um 1528 evangelisch. 1535 erfolgte ein Anbau für die Sakristei und die Bibliothek. 1573 brannte es im Westriegel. Der Nordturm wurde 1593 als „Laterne" mit einer welschen Haube neu erbaut, und seine Türmerstube mit Betten diente bis 1904 als Sitz des städti-

▶ Marktkirche mit ungleichen Türmen

schen Feuer- und Nachwächters. Der Südturm behielt dagegen seine achtseitige Pyramide. 1844 führte ein Großbrand zum Einsturz des Daches und teilweise der Türme. Eine Restaurierung erfolgte 1907. Seit 1930 sind die Türme und Seitenschiffe mit Kupfer bedeckt.

Innen ist die Kirche durch Pfeilerarkaden mit Rundbögen im Mittelschiff sowie Spitzbögen zwischen den Seitenschiffen geprägt. Hier befinden sich zudem verschiedene Kunstschätze. Dazu gehört das romanische Glasfenster aus der Zeit um oder vor 1250 mit einem bedeutenden spätromanischen Fensterzyklus mit Szenen aus dem Leben der Heiligen Cosmas und Damian, ein Meisterwerk der deutschen Glasmalerei. Erwähnenswert ist auch die Renaissancekanzel von 1581 am südwestlichen Vierungspfeiler, deren reformatorisches Bildprogramm von Hans Seek die Geschichte Gottes mit den Menschen darstellt. Weitere Kostbarkeiten sind spätgotische Wandmalereien aus der Zeit von 1480 an der südlichen Querschiffwand mit Darstellungen der ersten sieben der Zehn Gebote, die 1938 freigelegt wurden, ferner das Taufbecken des einheimischen Künstlers Magnus Karsten von 1573 mit biblischen Szenen und der von dem Osteroder Andreas Gröber geschnitzte Barockaltar von 1659 mit Szenen vom Ostergeschehen. Neueren Datums sind die Fenster von 1992–2003, die den Altar wie ein Mantel umgeben und vom bedeutenden Glasmaler Johannes Schreiter entworfen sind, ferner eine Christusfigur des Südtiroler Bildhauers Jakob Oberhollenzer von 1997. Die Orgel im Untergeschoss vom Westwerk wurde 1970 vom Orgelbauer Karl Schuke erbaut, 2012 von den Orgelbauern Hartwig und Tilmann Spät umgebaut und erweitert mit nunmehr 61 Registern. Die über der Orgel sichtbare Fensterrosette stammt von 2011 und wurde ebenfalls von Johannes Schreiter erschaffen.

Im Mittelteil des Westriegels befindet sich auch die Glockenstube mit drei Glocken aus dem Jahre 1848. Die größte hat einen Durchmesser von 2,21 m, wiegt 6,8 Tonnen und ist damit die zweitgrößte Glocke in Niedersachsen. Neben zwei weiteren Glocken hängt in der offenen

TIPP Eine nostalgische Kutschfahrt durch die Altstadt lohnt sich insbesondere, wenn Sie laufunwillige Kinder haben oder wenn Sie entspanntes Sightseeing genießen möchten. Der Kutscher erzählt Ihnen nicht nur etwas über die Sehenswürdigkeiten, sondern hält auch etliche Anekdoten bereit. An kühleren Tagen erhalten Sie zudem warme Decken zum Einkuscheln. Die Rundfahrt dauert etwa 25 Minuten. Abfahrt: Marktkirchhof (gegenüber vom Brauhaus Goslar) • Reiner Zipper • Mobil.: 0152 03127399 • März–Dez. halbstündlich 11–16 Uhr, für Gruppen auch Sonderfahrten und andere Routen möglich

Laterne des Nordturms noch eine stählerne Stunden- und Viertelstundenglocke. Bei einer Besteigung des Nordturms über die sogenannte Himmelsleiter mit über 200 Stufen können Sie auch die Weule-Uhr aus Bockenem von 1848 bestaunen, die heute allerdings elektrisch aufgezogen wird. Vom Nordturm genießt man eine fantastische Aussicht auf Goslar und das Umland.

Markt 1 • Tel.: 05321 22922 • www.marktkirche-goslar.de • Mo.–So. 10–17 Uhr • Führungen: Mo./Sa. 12.30 Uhr, Besteigung des Nordturms: Apr.–Dez. Mo.–So. 11–17 Uhr, Jan.–März Sa./So. 11–17 Uhr, Gruppen nach Vereinbarung

10 MARKTKIRCHHOF S. 24

Südlich der Marktkirche zweigt links der Marktkirchhof ab. Das ist eine kurze Verbindungsstraße auf der Südseite von Marktkirche und Rathaus zwischen dem Hohen Weg und dem Markt. Hier finden sich heute unzählige gastronomische Betriebe, die mit ihrer Außenbestuhlung bei schönem Wetter die Gäste anlocken.

11 PATRIZIERHAUS HOHER WEG S. 24

Nach dem „Barock-Café Anders" (S. 119) folgt ein um 1510 errichtetes Patrizierhaus, in dem sich einst ein Musikinstrumente- und Puppenmuseum befand. Große Teile der Ausstellung sind heute im Spielzeugmuseum in Quedlinburg zu finden.

Hoher Weg 5

12 GROSSES HEILIGES KREUZ MIT JÄGER-ERINNERUNGSSTÄTTE S. 24

Nach Überquerung der Abzucht folgt rechts ein Gebäudekomplex im Stil der Romanik und Gotik. Das eine Gebäude, eine Steinkemenate, stammt aus der Zeit um 1230/40. Im Untergeschoss befindet sich eine Kapelle, die Johannes dem Täufer gewidmet ist. Das Obergeschoss dient als Gedenkstätte für das Goslarer Jägerbataillon. Die militär-historische Ausstellung zeigt 200 Jahre hannoversch-englische und deutsche Wehrgeschichte am Beispiel des Jägerbataillons, seit 2013 ergänzt durch eine Dokumentation zum Fliegerhorst Goslar als Luftwaffenstandort.

Die große Däle, das Hauptgebäude, wurde 1254 ursprünglich als Hospiz errichtet. Einst wurden hier Mittellose, Kranke und Waisen, aber auch Pilger und andere Durchreisende versorgt und fanden hier Obdach. Im Jahre 1650 wurde in der großen Halle, der Däle, eine zweigeschossige Wohnanlage für die Bewohner des Stifts errichtet, das nach der Reformation gegründet wurde. In den kleinen sogenannten Pfründnerstübchen war Platz für ein Bett, einen kleinen Tisch und einen Schrank. Heute finden in der Halle mehrmals im Jahr Veranstaltungen der Kunsthandwerker statt. In zwei Kammern findet man auch Ausstellungen zur Geschichte des Hauses und zum Hospitalwesen.

Domvorhalle

Die kleinen Stübchen, die von der Däle abgehen, sowie der Hof werden von verschiedenen Kunsthandwerkern bzw. entsprechenden Fachgeschäften genutzt.

Hoher Weg 7 • Tel.: 05321 42842 • Jäger-Erinnerungsstätte: Mi./Sa.11–13 Uhr, Geschäfte: Di.–So. 11–17 Uhr (Jan.–März So. geschl.) • Kunsthandwerkerhof: Tel.: 05321 21800 • www.kunsthandwerk-goslar.de • Mi.–So. 11–17 Uhr

13 DOMVORHALLE S. 24

Der Hohe Weg endete einst am Dom, an den heute nur noch die Domvorhalle erinnert, denn 1819 war der ursprüngliche Dom so baufällig, dass er versteigert wurde. Die Versteigerung gewann ein Handwerker, der den Dom als Steinbruch nutzte und im Wesentlichen bis 1822 abtrug. Neben der Vorhalle erinnern nur noch Pflastersteine des heutigen Parkplatzes an die einstigen Ausmaße des Doms.

Bei dem einstigen Dom handelte es sich um die ehemalige Stiftskirche St. Simon und Judas, die von Kaiser Heinrich III. gestiftet 1040–1050 erbaut wurde und Teil des kaiserlichen Pfalzbezirks war. Sie war damals der größte romanische Kirchenbau rechts des Rheins und diente als Vorbild für viele andere sakrale Bauwerke. Die Kirche, eine dreischiffige Basilika, wurde mit Kalkbruchsteinen erbaut und besaß ein Westwerk mit zwei achteckigen Türmen und Haupteingang. Über der Vierung von Lang- und Querhaus befand sich ein weiterer Turm. Die Krypta lag unter dem Chor. Die ursprüngliche Flachdeckung wurde im 12. Jh. durch ein gewölbtes Dach ersetzt. Um 1150 wurde die heute noch erhaltene Domvorhalle angebaut. Sie diente als neuer Haupteingang. Weitere Veränderungen erfolgten in der Zeit der Gotik. Zur

Innenausstattung des Doms gehörten u. a. ein bronzener Krodoaltar, heute im Goslarer Museum, sowie der Goslarer Kaiserstuhl, heute im Pfalzgebäude. Bereits 1331 soll eine erste Mauer umgefallen sein, 1530 stürzte ein Turm ein, und So verkam die Stiftskirche immer mehr zur Ruine.

Die heutige Domvorhalle als Rest der Stiftskirche wurde 1824 renoviert. An der Fassade fallen zahlreiche romanische Plastiken auf. Im Inneren befindet sich eine Nachbildung des Thronsessels der Kaiser der Salier- und Stauferzeit, ein Steinsitz mit Bronzelehnen.

Kaiserbleek

14 KAISERPFALZ S. 24

Rechterhand von der Domvorhalle liegt in etwas erhöhter Lage die alte Kaiserpfalz. Im Mittelalter gab es noch keine festen Hauptstädte. Die Kaiser nutzten deswegen Pfalzen als befestigte Ansitze für ihre regelmäßigen Aufenthalte in ihrem Herrschaftsgebiet.

Zur Kaiserpfalz in Goslar gehörten das eigentliche Kaiserhaus, die St.-Ulrichs-Kapelle und die Stiftskirche, von der heute nur noch die Domvorhalle vorhanden ist. Nicht mehr erhalten sind auch die zweistöckige Liebfrauenkirche im Nordbereich der Pfalz sowie um das Kaiserhaus herum die früheren Wohn- und Wirtschaftsgebäu-

DAS GOSLARER BLUTBAD

Im Mittelalter kam es immer wieder zu Rangstreitigkeiten, die ihre Ursache im Einhalten einer Sitzordnung bei zeremoniellen Anlässen hatte. Wer näher beim König oder Erzbischof und anderen Ranghohen sitzen durfte, hatte größere Rechte. Zweimal stritten sich dabei im Goslarer Stift der Abt Widerad der Reichsabtei Fulda und der Bischof Hezilo von Hildesheim. Der zweite Streit am Pfingstsamstag 1063 endete mit einem Blutbad. Es war Hoftag und der 13-jährige König Heinrich IV. war anwesend. Hezilo ging davon aus, dass er aufgrund seiner bischöflichen Stellung Vorrang hätte, ahnte aber, dass Widerad auf seiner Position beharren würde. So hatte er hinter dem Altar bewaffnete Männer in Stellung gebracht. Als der Streit in der Kirche eskalierte, vertrieben diese die Fuldaer mit Knüppeln aus der Kirche. Die Fuldaer kehrten jedoch mit Waffen in den Gottesdienst zurück. In Anwesenheit des hilflosen Königs entwickelte sich eine fürchterliche Schlacht, bei der viel Blut auf beiden Seiten floss. Der junge König erhob zwar seine Stimme, wurde aber nicht erhört und bahnte sich mit Mühe einen Weg durch die Menge und zog sich in die Pfalz zurück. Die Kämpfe endeten erst mit Einbruch der Dunkelheit. Am folgenden Tag wurde der Vorfall unter Vorsitz des Königs untersucht. Abt Widerad wurde in vollem Umfang schuldig gesprochen, und man drohte ihm mit Amtsenthebung. Von dieser Anklage kaufte sich der Abt dann frei, griff dabei auch auf Eigentum des Mönchkonvents zurück und stürzte das Kloster in eine große Finanzkrise.

Kaiserpfalz

de der Stiftsherren und Ministerien, Ställe sowie Vorratskammern. Die Fundamente der Liebfrauenkirche entdeckte man erst wieder durch Ausgrabungen Anfang des 20. Jh.s.

Ein erster Bau wurde unter Kaiser Heinrich II. zwischen 1005 und 1015 erbaut und als Folge die vorherige Pfalz in Werla nach hier verlegt. Da Heinrich II. die Anlage jedoch nicht standesgemäß erschien, ließ er zwischen 1030 und 1040 das heutige Kaiserhaus errichten. Weitere Arbeiten erfolgten bis ins Jahr 1056. Diese heutige Kaiserpfalz ist ein zweigeschossiger grauer Palas mit einer Länge von 54 m und einer Breite von 18 m. Es ist der größte, älteste und besterhaltene Profanbau aus dieser Zeit in ganz Deutschland, hat ein schiefergedecktes Steildach und war einst der Hauptaufenthaltsort vor allem der salischen Herrscher. Im Obergeschoss mit den früher offenen Rundbogenfenstern befand sich der sogenannte Sommersaal, auch Kaisersaal genannt. An der geschlossenen Saalrückwand stand einst der Kaiserthron, und für zwei Jahrhunderte fand hier Weltpolitik statt. Insgesamt 23 Reichstage fanden hier statt, der letzte im Jahr 1219. Im Untergeschoss liegt ein zweiter Saal, auch Wintersaal genannt, gleich groß wie der obere, nämlich 47 x 15 m, nach außen mit kleineren Fenstern und mit einer Warmluftheizung nach römischen Vorbild versehen. Er war überwiegend dem niederen Gefolge vorbehalten. Im Norden schloss sich ein ebenfalls zweigeschossiges Wohngebäude an, u. a. mit dem kaiserlichen Wohngemach. Der Saalbau wurde in der ersten Hälfte des 12. Jh.s um einen mittigen Quertrakt und eine Vorhalle im Erdgeschoss erweitert. Der imposante Treppenvorbau durch Friedrich II. geht auf die Zeit um 1220 zurück. Nachdem 1253 der letzte Königsbesuch in Goslar stattfand, wütete 1289 ein schwerer Brand in der Pfalz, wohl der endgültige Todesstoß. Danach wurde der Bau zweckentfremdet, diente zeitweise als Lagerhaus und verfiel immer mehr. Eine staatliche Kommission empfahl jedoch die Restaurierung, die 1868 begann und 1879 beendet war. Man beging dabei aber etliche Bausünden, sodass das Ergebnis heute kritisch gesehen wird. Am augenfälligsten sind die Fensterdurchbrüche im Sockelgeschoss, der Arkadengang zur St.-Ulrichs-Kapelle, die Freitreppenanlage vor der Ostfront und die Wandgemälde im Kaisersaal. Zunächst nutzte die Stadt den Gebäudekomplex für verschiedene Zwecke.

Heute ist der imposante Kaisersaal mit Wandgemälden ausgestattet, die ebenfalls vom damaligen Nationalgefühl jener Zeit zeugen. Sie stammen von Professor Hermann Wislicenus und wurden erst zwischen 1879 und 1897 erschaffen. Es sind grandiose Darstellungen mit Szenen aus der deutschen Geschichte, aus Märchen und Sagen. Im Erdgeschoss finden Sie dagegen heute in sieben Gewölben eine große Ausstellung mit herausragenden Kunstschätzen, darunter der bronzene Kaiserthron und der geheimnisvolle „Greifen", der einst den Giebel zierte. Auch die beiden Reiterstandbilder, nämlich Kaiser Friedrich I. Barbarossa. und Wilhelm I., der erste Kaiser des 1871 gegründeten zweiten Deutschen Reichs, kamen erst 1900/01 dazu. Die Nachbildungen der Braunschweiger Löwen wurden im Jahr 1900 geschaffen. Die Reiterstandbilder und Löwen-Nachbildungen vor dem Pfalzgebäude sollen eine Verbindung des neuen deutschen Kaiserreichs mit dem mittelalterlichen Heiligen Römischen Reich Deutscher Nation symbolisieren. Von der Terrasse selbst genießen Sie einen schönen Blick über die Dächer Goslars.

Kaiserbleek 6 • Tel.: 05321 3119693 (Kasse) • www.goslar.de • Apr.–Okt. Mo.–So. 10–17 Uhr, Nov.–März 10–16 Uhr

15 PFALZKAPELLE ST. ULRICH S. 24

Die Pfalzkapelle wurde vermutlich Anfang des 12. Jh.s südlich des Saalbaus errichtet, der heutige Arkadengang, der Kaiserpfalz und Kapelle verbindet, stammt erst aus dem 19. Jh. Sie verfügt über eine Unter- und Überkapelle. Über der kreuzförmigen Unterkapelle liegt eine achteckige Oberkapelle, wobei die Verbindung über ein Trompetengewölbe erfolgt. Im Inneren stellt dagegen eine quadratische Öffnung über der Vierung die Verbindung her. Die Oberkapelle war ursprünglich der kaiserlichen Familie vorbehalten. Diese war durch

Pfalzkapelle St. Ulrich

einen angebauten Treppenturm und durch einen Gang mit einem südlichen Wohntrakt verbunden, der heute nicht mehr existiert. Bereits 1354 wurde die St.-Ulrichs-Kapelle zum Gefängnis sowie zur Folterkammer umfunktioniert.

Heute befindet sich in der Unterkapelle ein Sarkophag mit einer Deckelplatte etwa aus der Mitte des 13. Jh.s. Sie zeigt den liegenden Heinrich III.: den Kopf auf ein Kissen gebettet, in der rechten Hand das Zepter, in der linken ein Kirchenmodell und zu seinen Füßen ein Hund liegend. Der Sarkophag enthält in einer achteckigen vergoldeten Kapsel das Herz Heinrichs III., das auf dessen Wunsch hin in Goslar verblieb, während sein Leichnam im Dom zu Speyer begraben ist. Die Kapelle kann heute von der Kaiserpfalz aus besichtigt werden und ist im dortigen Eintrittspreis enthalten.

16 PFALZGARTEN S. 24

An der Südseite der Pfalzkapelle vorbei führt ein Weg als Abstecher in den Pfalzgarten, eine kleine eher naturbelassene grüne Ruhe-Oase, die sich hinter der Kapelle und dem Kaiserhaus erstreckt. Dort befindet sich auch die Plastik „Goslarer Krieger", die 1975 vom Kaiserringträger Henry Moore geschaffen wurde. Auch liegen hier Reste der alten Stadtbefestigung.

17 LIEBFRAUENBERG S. 24

Von der Pfalzterrasse kommen Sie auf einem Treppenweg nordwärts hinab zur Kaiserbleek, die sich dann westwärts als Liebfrauenberg fortsetzt und nach der ehemaligen Liebfrauenkirche benannt wurde. Die kleineren Häuser wurden vermutlich früher von weltlichen Bediensteten der Pfalz bewohnt, während die großen Gebäudekomplexe zu den Ritterkurien hochadliger Familien gehörten.

18 OBERES WASSERLOCH S. 24

Der Fachwerkbau geht auf das 17. Jh. zurück und wurde mehrfach umgebaut. Das Wohnhaus überspannt die Abzucht (Gose) mit einer steinernen Wehrbrücke und war Teil der Stadtbefestigung.

Neue Straße 21

19 HAUS MAGNUS KARSTEN S. 24

An der Ecke Obere Mühlenstraße/ Bergstraße steht dieses Gebäude, welches seinerzeit eines der schönsten Bürgerhäuser war. Der Glockengießer Magnus Karsten erwarb 1565 das Bürgerrecht in Goslar und erbaute 1573 im Renaissancestil das Haus. Von der Mitte des 19. Jh.s an diente es lange Zeit als Gasthaus bzw. Hotel „Zur Börse", steht jedoch heute leider leer, hat aber an äußerlicher Anziehungskraft nichts verloren.

Bergstraße 53

20 SIEMENSHAUS S. 24

Gegenüber liegt an der Ecke zur Schreiberstraße das Stammhaus der Industriellenfamilie Siemens. Das stattliche Fachwerkhaus wurde 1693/94 von Hans Siemens erbaut, der als selbstständiger Kaufmann Mitglied der Kramergilde war. Er verstarb jedoch im Jahr der Fertigstellung, sodass die ersten Bewohner des Hauses sein Sohn Hans Henning Siemens und dessen Familie waren. Das riesige Haus hatte Multifunktionscharakter und diente nicht nur als Wohnsitz, sondern bot auch Raum für

FAMILIE SIEMENS

Die Familie Siemens wurde in Goslar 1384 erstmals erwähnt. Viele Nachkommen waren als erfolgreiche Kaufleute, in Bergbau, Verwaltung, Wirtschaft, als Erfinder, in der Wissenschaft und Technik usw. tätig. Vier Bürgermeister stellte die Familie. Peter Siemens amtierte von 1710 an, Georg Heinrich Siemens war für seinen altersschwachen Vetter dann 1729–1733 zunächst Nebenbürgermeister und übernahm nach dessen Tod 1733 das Amt als Bürgermeister bis 1735. In ihrer Zeit wurden das Kloster Neuwerk neu aufgebaut und die Schäden des Stadtbrandes im Stephaniviertel schnell behoben. Stephan-Heinrich Siemens war 1774–1794 Bürgermeister der Stadt. Johann Georg Siemens gelang es im Zeitalter der Französischen Revolution die Finanzen der Stadt zu sanieren, als Bürgermeister fungierte er 1800–1802 und konnte geordnete Verhältnisse in die dann beginnende preußische Verwaltung einbringen. Bedeutendster Namensträger ist der 1816 in Lenthe bei Hannover geborene Werner Siemens, der 1847 mit der Gründung seiner Telegraphen-Bauanstalt die Keimzelle des heutigen Weltkonzerns Siemens legte und 1888 in den erblichen Adelsstand erhoben wurde.

Siemenshaus

die wirtschaftlichen Aktivitäten der Familie. Durch das Dälentor und die gepflasterte Durchfahrt konnten seinerzeit Fuhrwerke direkt durch das Haus in den Hof fahren, der dreiseitig umbaut ist. Außen wie innen ermöglichte ein Seilzug das Entladen der Fuhrwerke und die Lagerung im Speicher, nämlich mehreren Dachböden mit einer Fläche von rund 2.000 qm, u. a. von Getreide. Alles war hier auf das Bierbrauen ausgerichtet, während der Wohnraum eher knapp bemessen war. Erhalten ist heute noch das vollständige Brauhaus mit dem gemauerten Braukessel und alten Gerätschaften. Besichtigt werden kann auch ein Kaufmannsladen im Stil des 19. Jh.s, der sich ursprünglich auf der großen Däle befand. Von dort geht es links in einen Raum, der durch großzügige Fenster und kunstvoll mit geschnitzten Weintrauben verzierte Säulen besticht, wahrscheinlich das Geschäftszimmer von Hans Henning Siemens. Im Obergeschoßß befinden sich Archivräume und ein großer Saal. 1778 wurde das Haus von der Familie Siemens verkauft, da diese damals auf Gut Ohlhof wohnte. Danach wurde es in viele einzelne Wohnungen aufgeteilt, in der Däle wurde der schon erwähnte Krämerladen eingerichtet. 1916 erwarben die Kinder von Werner von Siemens aus Anlass seines 100. Geburtstages erneut das Haus und überführten es in eine Familienstiftung. In regelmäßigen Abständen treffen sich noch heute hier die Familienmitglieder. Es dient diesen für private Feiern, die Siemens AG nutzt es ebenfalls für kleinere Tagungen und Veranstaltungen. Das Siemenshaus kann auf Anfrage bzw. im Rahmen von Stadtführungen besichtigt werden. Möglich ist auch die Anmietung von zwei Tagungsräumen.

Schreiberstraße 12 • www.siemenshaus.de

21 BERGMANNSHAUS S. 24

An der Ecke Bergstraße/Forststraße steht dieses um 1600 erbaute Haus mit nur 46 qm Grundfläche. In dem kleinen Fachwerkhaus lebten Bergleute, Schiefergrubenarbeiter, Handwerker, ein Nachtwächter und ein Ratsdiener mit ihren Familien. Im Inneren befindet sich eine Ausstellung zum früheren Leben einfacher Leute. Eine Besichtigung ist im Rahmen der Stadtführung „Bergbauspuren in Goslars Gassen" möglich.

Forststraße 23

22 KLAUSKAPELLE S. 24

Sie wurde 1186 erstmals urkundlich erwähnt, gehörte zum 1293 nachgewiesenen Klaustor, auch Porta St. Nicolai genannt, und diente seit 1537 den Bergleuten vom Rammelsberg als Andachtsstätte. Im Nebenhäuschen Nr. 41 wurde zudem ein Hospital betrieben. Heute gehört die Kapelle zur evangelisch-lutherischen Kirchengemeinde Frankenberg. Hier findet jedes Jahr am 4. Dezember die sogenannte Barbarafeier der Bergleute statt.

Die Klauskapelle ist ein rechteckiger romanischer Saalbau und aus Bruchsteinen erbaut. Sie hat ein flachgedecktes Schiff und einen östlich anschließenden rechteckigen, kreuzgratgewölbten Chor, der etwas höher liegt und sich zum Schiff mit einem halbkreisförmigen schlichten Triumphbogen öffnet. In der Nordwand des Chors befand sich eine Tür, die ins Hospital führte. Die Nordwand des Kapellenraums enthält die spitzbogige Eingangstür und drei romanische Rundbogenfenster, die Südwand ist dagegen fensterlos und war Teil der Stadtmauer. Über den Dachboden verlief der Wehrgang, erkennbar an den vermauerten Schießscharten. Die Westwand zur Straße gehörte größtenteils zum Torturm.

Zu den Sehenswürdigkeiten im Inneren zählen die gotische bemalte Decke aus dem 16. Jh., die gotische Holzkanzel und über dieser die Reste gotischer Freskenmalerei. Erwähnenswert sind ferner ein aus Eichenholz geschnitztes Kruzifix, die Triumphbogengruppe von 1686 sowie zwei Erzbrocken als Kerzenträger von 1988.

Bergstraße 39 • Schlüssel beim benachbarten Schuhmacher Oberle

23 FRANKENBERGER PLAN S. 24

Durch die kopfsteingepflasterte Peterstraße mit ehemaligen Bergmannshäusern aus dem 15.–17. Jh. erreichen Sie die Straße Am Beek und dann sich rechts haltend mit dem Frankenberger Plan einen der besonders schönen Plätze Goslars. Er wurde vermutlich schon Anfang des 12. Jh.s angelegt. An der Ecke zur Kettenstraße lag bis 1907 eine Kornmühle, die

nach einer Mehlstaubexplosion ausbrannte. Mittelpunkt des Platzes ist heute der Brunnen, der unter Einbeziehung einer mittelalterlichen Brunnenschale 1951 umgestaltet wurde und zusätzlich eine Brunnenfigur erhielt.

24 KLEINES HEILIGES KREUZ S. 24

An der Westseite des Frankenberger Plans liegt das Kleine Heilige Kreuz und beherrscht mit seiner Giebelfront den Platz. Es war eines von mehreren Hospitälern im mittelalterlichen Goslar und wurde 1394 erstmalig erwähnt. Bis 1983 wurde es für die Alten-, Kranken- und Armenpflege genutzt, heute ist es Begegnungsstätte der Frankenberger Kirchengemeinde und wird von der Kreisvolkshochschule und für Kunsthandwerkermärkte genutzt. Eine der alten Kammern dient als Erinnerungsraum für den Bibelübersetzer Hermann Menge, und in der Däle werden Fotos von der Frankenberger Kirche und der Klauskapelle gezeigt. Das Wappen am Gebäude widmet sich den Stiftern, der Goslarer Adler steht für die Stadt, die Wappen der Familien Schütze und Tunzel als Bürgerstifter. Rechts vom Kleinen Heiligen Kreuz schließt das sogenannte Küsterhaus von 1504 mit einem Tordurchgang zur Kirche an.

Frankenberger Plan

◀ Brunnen auf dem Frankenberger Plan mit Kleinem Heiligen Kreuz und Durchgang zur Frankenberger Kirche

25 FRANKENBERGER KIRCHE ST. PETER UND PAUL S. 24

Sie wurde erstmalig 1108 urkundlich erwähnt und steht auf dem höchsten Punkt der Innenstadt. Ursprünglich als dreischiffige, kreuzförmige und flachgedeckte Pfeilerbasilika erbaut, diente sie als Pfarrkirche den Bergleuten, die im Frankenberger Viertel wohnten. Ab 1234 wurde sie auch von den Schwestern des benachbarten Klosters benutzt. Um 1230/40 erfolgte eine Einwölbung, im 14. und 15. Jh. gotische Veränderungen am Chor, am südlichen Querschiff sowie am Westwerk, das wie die Türme einen Teil der Stadtmauer bildete. Ferner wurden an der Nordseite zwei Kapellen angebaut. 1783 wurden die baufälligen Türme zum Teil abgetragen und eine barocke Holzhaube gebaut. Von 1873 bis 1880 erfolgte innen wie außen eine gründliche Sanierung, der auch zwei Kapellen an der Nordseite zum Opfer fielen.

Das romanische Innere wird von der Westempore mit ihren Säulenarkaden aus der Zeit um 1160 sowie ihren Wandmalereien aus dem 13. Jh. dominiert. Erwähnenswert ist ferner die barocke Bergmannsempore gegenüber der Orgel sowie die barocken Schnitzwerke am Hauptaltar von 1675, die Bergmannsempore von 1689, die Renaissance-Kanzel von 1698, der Orgelprospekt und das Triumphkreuz mit Kruzifix aus der zweiten Hälfte des 15. Jh.s, außerdem der

Frankenberger Kirche

Grabstein eines Stifterpaares aus dem 13. Jh.

Frankenberger Plan 4 • Tel.: 05321 22464 (Kirchenbüro) • www.frankenberg-goslar.de • Apr.–Okt. Mo.–So. 9–18 Uhr, Nov.–März nach Vereinbarung, Führung auf Anfrage

26 KLOSTER FRANKENBERG S. 24

Nördlich der Frankenberger Kirche liegt das ehemalige 1234 gegründete und bescheidene ehemalige Kloster vom Konvent der büßenden Schwestern der heiligen Maria Magdalena. Im Zuge der Reformation wurde es 1568 ein evangelisches Damenstift, das bis 1829 bestand. 1837 wurde das Klostergelände verkauft. Eine Mauer trennt den Frankenberger Kirchhof vom Klostergelände. Seit 1965 beherbergt das Gebäude ein Alten- und Pflegeheim der Christengemeinschaft mit Zugang durch ein gotisches Portal rechts vom ehemaligen Hospital und Küsterhausdurchgang.

Frankenberger Plan 6 • www.kloster-frankenberg.de

27 KEMENATE RÖVER MIT KUNSTGALERIE S. 24

Vom Frankenberger Plan folgen Sie der Frankenberger Straße, an der kleine schieferbehangene Häuser ebenso wie prächtige Fachwerkgebäude liegen. An der Ecke zur Forststraße liegt ein um 1500 erbautes Ackerbürgerhaus mit noch älterem Kern, denn der zweigeschossige Keller war zum Einlagern von Gosebier eingerichtet und geht auf eine romanische Kemenate zurück. Eine rundbogige Tordurchfahrt und gotische Fenster prägen die Däle. Im Inneren befindet sich eine Galerie des Malers Hans-Joachim Röver. Genutzt wird das Gebäude auch für

Kloster Frankenberger Plan, Eingangstor zum heutigen Altenheim

andere Ausstellungen, Kammerkonzerte und Rezitationsabende.

Frankenberger Straße 11 • Tel.: 05321 20764 • www.h-j-roever.de • Besichtigungen nur nach Absprache

28 FACHWERKENSEMBLE BÄCKERSTRASSE S. 24

Am Ende der Frankenberger Straße beginnt die lange Bäckerstraße, die in Richtung Osten durch die gesamte Kernstadt verläuft. An ihrer Nordseite liegt gleich ein bemerkenswertes Ensemble von Fachwerkbauten. Das Haus Nr. 2 wurde 1606 von Joachim Kabelitz erbaut, besteht aus drei Geschossen sowie acht Gefachen und ist mit Inschriften auf den Schwellbalken im Bereich vom Obergeschoss versehen. Das rechts benachbarte Ackerbürgerhaus Nr. 3 geht sogar auf 1592 zurück. Es ist straßenseitig knapp 20 m lang und hat eine Breite von fast 19 m. Das dreigeschossige Gebäude hat zusätzlich drei Lager-Dachgeschosse. Im Haus befindet sich heute eine moderne anmietbare Ferienwohnung.

Bäckerstraße 2 und 3 • Ferienwohnung: www.ackerbuergerhaus.de.

29 MÖNCHEHAUS MUSEUM S. 24

Der dreistöckige Museums-Fachwerkbau von 1528 liegt an der Jakobistraße, der Eingang befindet sich jedoch an der kleinen Mönchestraße. Hier sitzt der Goslarer Kunstverein, der das Museum führt. Es wurde 1978 gegründet, um den internationalen Preisträgern des Goslarer „Kaiserrings" ein würdiges Forum zu bieten. Der renommierte Kunstpreis wird seit 1975 einmal im Jahr an einen herausragenden Gegenwartskünstler vergeben. So zeigen die wechselnden Ausstellungen moderne und zeitgenössische Kunst. Dazu kommt ein reiches Veranstaltungsprogramm. Im Garten des Museums befinden sich moderne Skulpturen und auch das Don-Quijote-Haus, ein altes saniertes Fachwerkhaus, das ebenfalls für Ausstellungen und Privatfeiern genutzt wird.

Mönchestraße 1 • Tel.: 05321 4948 • www.moenchehaus.de • Di.–So. 10–17 Uhr

30 FACHWERKHAUS SCHILDERSTRASSE S. 24

Das reich verzierte mehrgeschossige Ackerbürgerhaus Ecke Schilderstraße/Obere Schildwache wurde 1602 oder 1604 erbaut und kann nur von außen besichtigt werden.

Schilderstraße 23

31 STADTARCHIV S. 24

Links von der Einmündung der Oberen Schildwache in die Zehntstraße liegt dann das Stadtarchiv, das in einem Gebäude untergebracht ist, welches auf 1902/03 zurückgeht. Es diente zunächst als Magazin für Verpflegung und Waffen der früheren Vititorkaserne. Nach dem Zweiten Weltkrieg wurde es zunächst für wechselnde Zwecke genutzt. 1962 bezog das Stadtarchiv zunächst eine Etage, ab 1995 das ganze Haus. Es geht vermutlich auf 1399 zurück, befand sich vorher in unterschiedlichen Gebäuden und ist eine Fundgrube für geschichtlich interessierte Besucher. Die älteste Urkunde ist ein Diplom Friedrich Barbarossas von 1188. Zum Bestand gehören u. a. etwa 6.500 Urkunden, Amtsbücher und Akten vom 13. bis 20. Jh., Nachlässe, alte Fotos, Postkarten und Zeitungen sowie eine Bibliothek mit rund 18.000 Bänden.

Zehntstraße 24 • Tel.: 05321 383961 • www.prostadtarchiv.de • Di. 9–12/14–16 Uhr, Do. 9–17 Uhr oder nach Vereinbarung

32 EHEMALIGES KLOSTER ST. VITI UND VITITOR S. 24

Auf dem Gelände der heutigen Schillerschule an der Ecke Zehntstraße/Bäringerstraße befand sich früher der Wirtschaftshof des Klosters St. Viti. Der Bäringerstraße rechts folgend, liegt linkerhand dann die AWO, ursprünglich auch Gelände des Klosters und ab 1860 die Kur- und Heilanstalt des sogenannten Kräuterdoktors Lampe. Auf der rechten Seite der Bäringerstraße liegen dagegen die Reste vom Vititor, bestehend aus Mauerresten und dem ehemaligen Wachtmeisterturm. Das Tor wurde um 1100 erbaut, um 1500 erweitert und 1818 weitgehend abgebrochen.

Bäringer Straße 24/25

33 NEUWERKKIRCHE S. 24

Nach dem Vititor führt rechts der Vititorwall zur Grünanlage um die Neuwerkkirche. Hierher können Sie vom Stadtarchiv auch direkt auf der Zehntstraße kommen. Der Kircheneingang befindet sich dann auf der Südseite. Mit dem Bau der

Schnitzereien am Fachwerkhaus Ecke Schilderstraße

dreischiffigen kreuzförmigen Basilika wurde um 1180 begonnen. Als Besonderheit gilt, dass der heutige Bau noch immer auf die Entstehungszeit zurückgeht, da die Kirche danach keine nennenswerten Umbauten erfahren hat. 1186 war der Ostteil der Kirche fertiggestellt, sodass der Hauptaltar geweiht wurde, und man geht davon aus, dass die Kirche eine Bauzeit von rund 100 Jahren hatte.

KRÄUTERDOKTOR FRIEDRICH LAMPE

Lampe wurde 1794 geboren, war Kind einer armen Familie, besuchte die Volkschule und erlernte das Schuhmacherhandwerk. Bereits in seiner Kindheit interessierte er sich für Medizin, konnte seinen Wissensdurst aber nur aus Büchern befriedigen und arbeitete während der Französischen Revolution (1789–99) als Heilgehilfe im Lazarett. Nach dem Krieg arbeitete er als Kräutersammler der Hochschule Freiberg. Dann zog er nach Heidelberg und nahm als „Schwarzhörer" an den Vorlesungen zur Anatomie teil. 1818 kam er nach Goslar und heiratete 1819 die Witwe eines Schuhmachers mit vier Kindern. Es sprach sich doch bald herum, dass er auch medizinische Kenntnisse hatte. Viele Fürsten und königliche Familien ließen sich von ihm behandeln. Seine große Kenntnis über die heilende Wirkung vieler Harzer Bergkräuter und deren Anwendung waren der Anlass, dass er vom König von Hannover zum Goslarer Kurdirektor und zum Königlichen Hofrat ernannt wurde. Trotzdem blieb er für andere ein Quacksalber. Das von ihm entwickelte Kräuterelixier als Universalheilmittel für viele Beschwerden ist noch heute in Apotheken erhältlich.

Das Äußere der Kirche ist einheitlich romanisch, und das Außenmauerwerk besteht aus Bruchsteinen, die verputzt wurden. Der westliche Teil wird von zwei oktogonalen Kirchtürmen gekrönt. Das Hauptportal liegt auf der Nordseite. Das Langhaus verbindet das turmbesetzte Westwerk mit dem östlichen Querhaus, dem anschließenden Chor und der Hauptapsis.

Das Kircheninnere zeigt den Übergang zwischen Romanik und Frühgotik. Rippen- und Gurtbögen prägen das Mittelschiffgewölbe. Die sehenswerten Wandmalereien bzw. deren Reste aus dem Hauptportal und im Chor stammen vom Anfang des 13. Jh.s, wurden 1874/75 freigelegt und ergänzt. Sehenswert sind ferner u.a. die Steinmetzarbeiten an der Hauptapsis, ein Sandsteinrelief aus dem 15. Jh. an der Westseite des nördlichen Seitenschiffs, die Orgelempore mit einer ehemaligen Lettnerkanzel vom 13. Jh., ein segnender Christus aus der Zeit um 1240 im Gurtbogen und die Gräber des kaiserlichen Vogtes Volkmar von Wildenstein sowie seiner Frau Helena im nördlichen Querschiff.

Seit 1965 dient die Neuwerkkirche als evangelische Pfarrkirche, einst war sie jedoch eine Klosterkirche. Die Klosternonnen lebten zunächst nach den Regeln der Zisterzienser, ab 1199 wurde es als Benediktinerkloster geführt und nach der Reformation bis in die 1960er Jahre als Damenstift und höhere Töchterschule. Von den Klostergebäuden sind lediglich der schlichte Barockfachwerkbau von 1719 südlich der Kirche erhalten und eine an die Stadtmauer grenzende romanische Mauer.

Rosentorstraße 27 • Tel.: 05321 22839 • www.neuwerkkirche.de • März–Okt. Mo.–Sa. 10–12/14.30–16.30 Uhr, So. 14.30–16.30 Uhr, Besteigung des Nordturms möglich

◀ Die Türme der Neuwerkkirche

34 ROMANISCHER GARTEN S. 24

Neben der Neuwerkkirche auf ehemaligen Klostergrund liegt der heutige Kräutergarten, eine grüne Insel der Stadt, die frei zugänglich ist. Inmitten vieler alter Nutz- und Heilpflanzen setzt die Skulptur „Starke Frau“, die von der Bildhauerin Eike Geertz stammt, seit 2008 einen besonderen Akzent.

35 SCHÄFERTURM S. 24

Von der Neuwerkkirche gelangen Sie durch einen Durchgang der hier noch 10 m hohen Mauer auf die Rosentorstraße, gegenüber vom Hotel „Der Achtermann“, zu dessen Komplex der Schäferturm gehört, ein Flankierungsturm des früheren Rosentors (siehe nachfolgend). Hier können Sie auch auf den nachfolgend beschriebenen Rundgang „Durch die Unterstadt und die Wallanlagen“ wechseln.

36 ROSENTOR MIT SKULPTURENGRUPPE S. 25

Auf der Rosentorstraße passieren Sie rechts bald weitere Reste des Rosentors und treffen dahinter auf moderne Kunst in Form eines Figurenpaares. Das Rosentor wurde urkundlich erstmals 1186 genannt und bestand aus dem äußeren Tor mit zwei Flankierungstürmen und dem inneren Tor. Es wurde im 19. Jh. größtenteils abgerissen, um eine breitere Zufahrt zur Stadt zu haben. Die hinter dem Rosentor stehende Skulpturengruppe „Mann mit Stock" und „Frau mit Schirm" stammt von Fernando. Botero, einem Maler und Bildhauer aus Kolumbien.

37 ALTES STANDESAMT S. 25

Rechts liegt danach ein Fachwerkbau der Barockzeit des beginnenden 18. Jh.s, das zum früheren Neuwerkkloster gehörte und auch schon als Standesamt diente.

Rosentorstraße 28

38 JAKOBIKIRCHHOF UND ST.-JAKOBI-KIRCHE S. 25

ENTDECKER-TIPP

Weiter südwärts erreichen Sie dann kurze Zeit später den Jakobikirchhof, der heutige Wochenmarktplatz mit der St.-Jakobi-Kirche in der Mitte, die erstmals im Jahr 1073 urkundlich erwähnt wurde und die älteste erhaltene Kirche in Goslar und die einzige katholische Pfarrkirche in der Altstadt ist.

Das Gotteshaus entstand auf Betreiben des Hildesheimer Bischofs Hezilo, doch die Bürger lehnten seinen Einfluss ab und stellten die Kirche unter das Patronat des heiligen Jakobus, zumal Goslar seit jeher eine Station auf dem Jakobsweg nach Santiago de Compostela war.

Ursprünglich war es eine flach gedeckte romanische Pfeilerbasilika mit wechselnden Haupt- und Nebenpfeilern, die den Handwerkern als Pfarrkirche diente. Die Vierungsbogen im gotischen Stil entstanden 1073. Der ansonsten romanische Bau wurde im 13. Jh. eingewölbt und 1334 in das Kloster Neuwerk eingebunden. Um 1500 erlebte die Kirche tiefgreifende bauliche Veränderungen. Sie wurde zu einer Hallenkirche ausgebaut und um den Chor erweitert.

Mit der Reformation wurde die Kirche evangelisch. Im Jahr 1804 wurde die Jakobikirche wieder an die neu gegründete katholische Gemeinde übergeben.

Die heutige Innenausstattung stammt vorrangig aus den 1803 aufgelösten Klöstern Riechenberg und Grauhof, teilweise aber auch noch aus der lutherischen Zeit. So vermischen sich hier Barock, Gotik und Renaissance. Als bedeutsam gelten die Barockausstattung vom Kloster Riechenberg, u. a. der Hochaltar, die beiden Seitenaltäre,

▶ Skulpturen-Paar vor dem Rosentor

ein Beichtstuhl und das Gestühl, ferner die in der nördlichen Turmhalle stehende Pieta (um 1520) im Stil der Spätgotik. Aus der lutherischen Zeit stammen u.a. das kupferne Taufbecken (1592), die Kanzel (1620) und die Orgel (um 1650). Erwähnenswert sind schließlich auch die Malereien aus der Zeit um 1270 im Chor.

Jakobikirchhof 1 (Pfarrbüro) • Tel.: 05321 23533 • www.st-jakobi.de • Mo.–So. 10–17 Uhr.

39 BRAUHOF S. 25

Der Brauhof liegt zwischen Marstallstraße und Münzstraße mit Zugang von beiden Straßen. Er trägt seinen Namen zurecht, weil hier bis 1995 Bier gebraut wurde. Heute ist er ein Mittelpunkt der Geselligkeit und des Nachtlebens.

40 ALTE MÜNZE S. 25

Auf der Ostseite des Brauhofs treffen Sie auf die Münzstraße, an der zwei historische Gebäude liegen, die alte Münzprägestätte und die Ausspannwirtschaft „Weißer Schwan", heute als Hotel geführt (S. 127). Das ältere Gebäude stammt von 1509 und ist das ehemalige Amtshaus der Münze, wo einst Münzen geprägt wurden. Die gotische Fassade mit dem Eingangsbereich bildet heute den Hoteleingang mit einer beeindruckenden Halle. Über dem mittelalterlichen Torbogen kann man dagegen wohnen.

Der Weiße Schwan stammt aus dem 17. Jh. und ist der historische Ausspann. Die Händler, die ihre Waren auf dem Markt in Goslar anboten, benötigten einen Abstellplatz für ihre Wagen und einen Ort, wo sie übernachten konnten. Ältester Bauteil vom Weißen Schwan ist die gotische Kemenate, aus Stein gebaut und beheizbar. Das erste Fachwerkgebäude, das die Kemenate umgab, wurde 1680 durch den heutigen Fachwerkbau ersetzt. Die anderen Gebäudeteile wurden zwischen 1640 und 1680 erbaut. Der malerische Gebäudekomplex umschließt einen quadratischen Innenhof.

Münzstraße 10–11

41 SCHUHHOF S. 25

Eine kleine Gasse ermöglicht von der Münzstraße den Zugang zum Schuhhof, dem ältesten Platz Goslars, der bereits um 1200 erwähnt wurde und einst Marktplatz war. Hier befand sich das 1780 abgebrannte Gildehaus der Schuhmacher, die hier auch Schuhe verkauften. Auf drei Seiten umrahmen den Schuhhof stattliche Fachwerkhäuser mit Geschäften und Wohnungen, während seine Südseite zum Fleischscharren mit der Nordseite vom Rathaus hin offen ist. Während man im Sommer hier Eis schlecken kann, steht im November/Dezember der „Goslarer Weihnachtswald" als Bestandteil des Weihnachtsmarktes auf dem Platz.

◄ Jakobikirche: Blick zu Orgel

DURCH DIE UNTERSTADT UND DIE WALLANLAGEN

Dieser Rundgang erschließt den östlichen Teil der Altstadt, größere Teile der Wallanlagen und den Bahnhofbereich im Norden der Innenstadt. Abgesehen vom Beginn und Ende der Tour sowie im Bereich des Bahnhofs ist man eher auf ruhigen Straßen und Wegen unterwegs. An sehenswerten Höhepunkten mangelt es dennoch nicht. Den vorherigen Rundgang und diesen kann man miteinander verbinden, einmal natürlich am Ausgangs- und Endpunkt, dem Markt aber auch bei der Neuwerkkirche.

siehe große Karte S. 58/59

SEHENSWERTES

Goslarer Museum Geschichte und Kunstgeschichte der Stadt in einer ehemaligen Stiftskurie. S. 61 5

Erlebnisturm Zwinger Der Erlebnisturm ermöglicht ein Eintauchen in die Welt der Ritter; toller Ausblick von der Dachterrasse über die Stadt. S. 63 11

St. Annenhaus Stift im ältesten vollständig erhaltenen Fachwerkhaus Goslars, das auf 1488 zurückgeht. S. 64 12

Breites Tor Schwachpunkte der mächtigen Wallanlage, die heute zu einem guten Teil erhalten ist, waren die Tore, die deshalb wie das Breite Tor burgartig ausgebaut wurden. S. 65 17

Erlebnisturm Zwinger

Stephanikirche Die dreischiffige Hallenkirche ist eine der zahlreichen sehenswerten sakralen Bauten der Stadt. S. 69 25

GASTRONOMIE

Die Butterhanne Typische Harzer Spezialitäten sowie hausgemachte Kuchen und Torten. S. 115 2

Brauhaus Goslar Hier gibt's das originale Gose-Bier und typische Speisen der Region. S. 115 3

Worthsmühle Deutsche und regionale Küche in einem der urigsten Lokale der Stadt. S. 117 13

ÜBERNACHTEN

Hotel Der Achtermann Traditionsreiches Hotel u. a. mit Suiten in einem Wehrturm der Stadtmauer. S. 127 1

Ferienwohnung im Weberturm Der Weberturm ist ein Teil der ehemaligen Stadtbefestigung und bietet auf sieben Etagen eine einzigartige Ferienwohnung. S. 129 15

SEHENSWERTES

1 Altes Filzhutmacherhaus S. 60
2 Haus von 1720 S. 60
3 Gemeindehof S. 60
4 Zinnfigurenmuseum S. 60
5 Goslarer Museum S. 61
6 Worthmühle S. 62
7 Kunstwerke in der Abzucht S. 62
8 Stubengalerie Stoetzel-Tiedt S. 62
9 Moritz-von-Sachsen-Platz S. 62
10 Haus Trollmönch S. 63
11 Erlebnisturm Zwinger S. 63
12 St. Annenhaus S. 64
13 Walkmühle S. 64
14 Kegelworthturm S. 64
15 Unteres Wasserloch S. 64
16 Judenfriedhof S. 64
17 Breites Tor S. 65
18 Bismarck-Denkmal S. 66
19 Ruine Stiftskirche St. Georg S. 66
20 Ehem. Odeon-Theater S. 67
21 Rosentorstraße S. 67
22 Weberturm S. 67
23 Teufelsturm S. 67
24 Ulrichscher Garten S. 69
25 Stephanikirche S. 69
26 KaiserPassage S. 69

GASTRONOMIE

2 Die Butterhanne S. 115
3 Brauhaus Goslar S. 115
7 Altdeutsche Stuben S. 116
13 Die Worthmühle S. 117
15 Paulaner Wirtshaus S. 118
16 Soup & Soul Kitchen S. 118
20 Olympia bei Niko S. 119
29 Tim's 5 Tageszeiten S. 120
30 Bierbrunnen am Markt S. 121
31 Celtic Inn Irish Pub S. 121
32 Gioia Aperitif & Bar S. 121

EINKAUFEN

5 Haut Concept S. 123
7 Parfümerie Peter S. 123
8 Papier & Feder S. 124
9 Vedes Beustedt S. 124
12 Relay S. 124

14 Eigenart-Schmuckwertstatt S. 124
28 Intersport Deckert S. 126

ÜBERNACHTEN

1 Hotel Der Achtermann S. 127
4 Hotel Niedersächsischer Hof S. 127
14 Altstadtpension Koch S. 129
15 Ferienwohnung im Weberturm S. 129
16 Ferienwohnungen im Zwinger S. 130

KULTUR UND FREIZEIT

11 Stubengalerie Stoetzel-Tiedt S. 134
12 Kulturkraftwerk Harz Energie S. 135
14 Goslarer Theater S. 135
17 Köpi 2012 S. 135

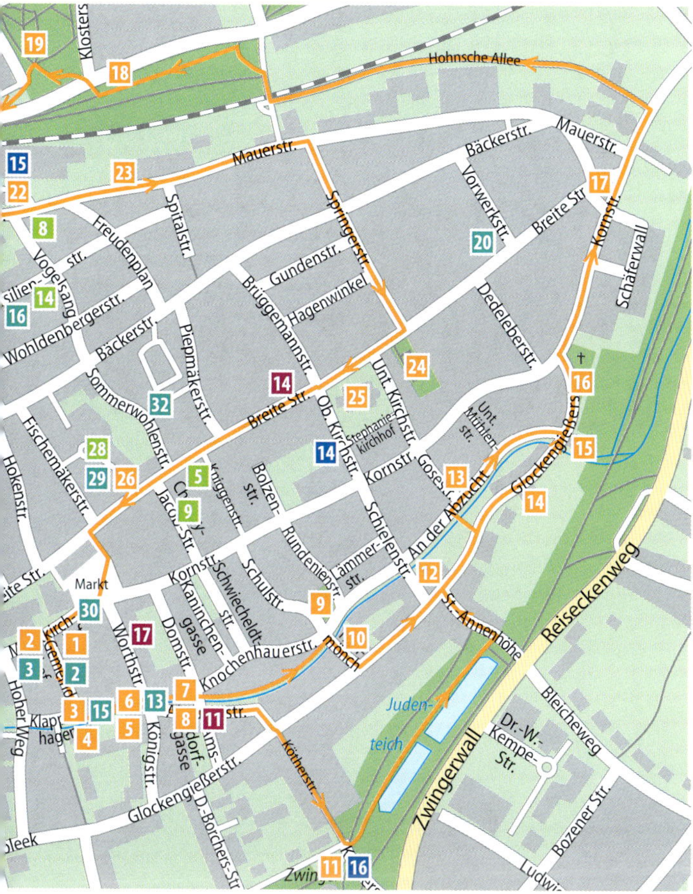

RUNDGANG Markt – Marktkirchhof – Gemeindehof – Klapperhagen/Museumsufer – Königstraße/Museumsufer – Abzuchtstraße – entweder An der Abzucht – Moritz-von-Sachsen-Platz – Trollmönch – Glockengießerstraße – St. Annenhaus oder Kötherstraße – Erlebnisturm Zwinger – Judenteich – St. Annenhöhe – St. Annenhaus – Glockengießerstraße – Walkmühle – Kegelworthturm – Unteres Wasserloch – Judenfriedhof – Kornstraße – Breites Tor – Okerstraße – Hohnsche Allee – Brückenstraße – Bismarck-Denkmal – Stiftskirche St. Georg – Bismarckstraße – Unterführung – Klubgartenstraße – Rosentor(-straße) – Mauerstraße – Springerstraße – Breite Straße – StephaniKirche – Breite Straße – Markt

Filzhutmacherhaus zur Walpurgisfeier mit Hexen

1 ALTES FILZHUT-MACHERHAUS S. 58

Am Markt beginnt an der Rathaus-Südseite der stets belebte Marktkirchhof (S. 35), an dessen Ecke zum Gemeindehof ein altes rund 500 Jahre altes Filzhutmacherhaus mit viel historischem Ambiente liegt. Es beherbergt das Wirtshaus „Die Butterhanne" (S. 115). Im Inneren wurde ein originaler alter Braukessel wiederbelebt und zeugt bis heute von alter Goslarer Braukunst. Der Saal im Obergeschoss ist mit Jugendstilelementen und typischen Wandmalereien versehen.

Marktkirchhof 3

2 HAUS VON 1720 S. 58

Durch den Gemeindehof getrennt, schließt sich ein denkmalgeschütztes Haus von 1720 an, das im Laufe seiner Geschichte die unterschiedlichsten Bewohner erlebte. Heute befindet sich hier eine Gasthausbrauerei, das „Brauhaus Goslar" (S. 115).

Marktkirchhof 2

3 GEMEINDEHOF S. 58

Zwischen den beiden zuvor genannten Gasthäusern zweigt südwärts das Gässchen Gemeindehof ab. An ihr stehen zahlreiche historische Gebäude, von denen drei Wohnhäuser 1993 zum heutigen „Paulaner Wirtshaus" (S. 118) umgebaut wurden.

4 ZINNFIGURENMUSEUM IN DER LOHMÜHLE S. 58

Am Ende des Gemeindehofs treffen Sie auf das Quersträßchen Klapperhagen, an dem die Lohmühle liegt. Sie wurde im 16. Jh. erstmals erwähnt, geht aber vermutlich auf das 12. Jh. zurück und nutzt die Wasserkraft der Abzucht. Die Wassermühle mit zwei

Zinnfigurenmuseum

verschiedenartigen Wasserrädern befindet sich auf der Rückseite eines zweigeschossigen Fachwerkbaus auf einem Sandsteinsockel und wird durch ein Satteldach mit Schiefereindeckung geschützt. Von außen ist sie jederzeit zu besichtigen, ansonsten im Rahmen eines Besuchs vom Zinnfigurenmuseum, dass sich in der restaurierten Lohmühle befindet und in bildlichen Darstellungen (Dioramen) das Weltkulturerbe Goslar, nämlich Altstadt und Bergbau, im Kleinem, teilweise auch in fantasievollen gestalteten Szenen zeigt. Des Weiteren historische Zinnfiguren, Informationen zur Kunst der Zinnfigurengestaltung, Angebote zum Mitmachen und ein kleiner Shop.

Klapperhagen 1 • Tel.: 05321 25889 • www.zinnfigurenmuseum-goslar.de • Apr.–Okt. Di.–So. 10–17 Uhr, Nov.–März Di.–So. 10–16 Uhr

5 GOSLARER MUSEUM

S. 58

Vor dem benachbarten Goslarer Museum befindet sich ein historisches Stadtmodell von Goslar, das einen guten Überblick von der Altstadt bietet. Das Museum selbst residiert in einem Gebäude, dessen Haupthaus 1514 als Stiftskurie erbaut wurde, während das angrenzende Fachwerkhaus auf 1510 zurückgeht. Es zeigt eine umfangreiche Sammlung zur Geschichte und Kunstgeschichte von Goslar sowie zur Geologie und Mineralogie der Region.

Zu den herausragenden Exponaten gehört der Krodoaltar aus dem 11. Jh., der sich einst im Dom befand, das rund 750 Jahre alte Goslarer Evangeliar, das für das Kloster Neuwerk geschaffen wurde, das Original des Marktbrunnen-Adlers aus dem 14. Jh., die Bergkanne von 1477, ein Stadtmodell

Historisches Stadtmodell vor dem Goslarer Museum

und eine Münzsammlung mit über 1.000 Goslarer Prägungen.

Königsstraße 1 • Tel.: 05321 43394 • Apr.–Okt. 10–17 Uhr, Nov–März 10–16 Uhr

6 WORTHMÜHLE S. 58

Entlang der Abzucht gelangen Sie an eine Kreuzung. Dort liegt links ein historisches Fachwerkhaus mit Restaurant (S. 117). In der einstigen Mühle wurde bis zum Ersten Weltkrieg noch Korn gemahlen, dann diente das Gebäude zunächst als Kolonialwarengeschäft.

Worthstraße 4

7 KUNSTWERKE IN DER ABZUCHT S. 58

Nach der Kreuzung kommen Sie an zwei Kunstwerken, Giraffe und Pendel, vorbei, die 1998 von Ulrich Schmied geschaffen worden und auf Sockeln mitten in der Abzucht selbst stehen.

An der Abzucht

8 STUBENGALERIE STOETZEL-TIEDT S. 58

Südlich der Abzucht liegt auch die Stubengalerie, ein Geheimtipp vieler Kunstkenner. Hier werden in wechselnden Ausstellungen renommierte Künstler der Gegenwart, aber auch Klassiker der modernen Kunst gezeigt. Im Sommer werden zudem im Garten Skulpturen präsentiert, und auch der Kunstschuppen bietet mancherlei Überraschungen.

Abzuchtstraße 4 • Tel.: 05321 40957 • www.galerie-tiedt.de • Di.–Fr. 11–13/15–18 Uhr, Sa. 11–13/14–17 Uhr, So. 11–13 Uhr

9 MORITZ-VON-SACHSEN-PLATZ S. 58

Auf der Nordseite der Abzucht kommen Sie bald zum Moritz-von-Sachsen-Platz, einst der Schlachthof Goslars, denn die hier abzweigende Knochenhauerstraße war früher die Wohn- und Geschäftsstraße der Schlachter. Auf dem Platz steht der berühmte Kurfürst und Feldmarschall neben seinem Pferd, der 1696 als unehelicher Sohn von August dem Starken und der Gräfin Maria Aurora von Königsmarck geboren wurde. Außerdem steht hier seit 1989 eine englische Telefonzelle aus Windsor/Maidenhead, Goslars englischer Partnerstadt.

10 HAUS TROLLMÖNCH S. 58

Südlich der Abzucht fällt Ihr Blick dann auf Renaissance-Fachwerkhäuser mit geschnitzten Sonnenrosenornamenten. Rechterhand liegt dort das Haus Trollmönch, das der Gasse auch den Namen gab und an der Ecke zur Glockengießerstraße steht, der Sie anschließend nach links folgen. Ursprünglich bewohnte eine im 14. oder 15. Jh. gegründete Laienbruderschaft das Haus, die Pestkranke und Arme versorgte. Bereits 1550 ging das Haus in Privatbesitz über, 1609 erwarb es die Stadt und nutzte es u.a. als Gefängnis. 1860 übernahm das Königreich Hannover das Haus und richtete hier eine Kaserne sein. Seit 1898 ist es wieder in Privatbesitz.

Trollmönch 2

11 ERLEBNISTURM ZWINGER S. 58

Wenn Sie von der Stubengalerie weiter der Abzuchtstraße bzw. der Kötherstraße folgen, kommen

Der Kurfürst mit seinem Pferd auf dem Moritz-von-Sachsen-Platz

Sie zum Erlebnisturm Zwinger am Wall, einer der stärksten Befestigungsanlagen Europas, 1517 erbaut und mit 6,50 m dicken Mauern. Im Erdgeschoss befindet sich ein Restaurant, im Turm das Museum und auch Ferienwohnungen (S. 130). Die Ausstellung zeigt u.a. Ritterrüstungen der vergangenen Jahrhunderte, mittelalterliche Instrumente aus dem Strafvollzug, ein Geschütz zum Abfeuern von Brandpfeilen, Kanonenkugeln aus Stein oder japanische Samurai-Helme. Besucher können ein 15 kg schweres Kettenhemd anlegen, unter Anleitung eine Armbrust spannen oder eine Steinschleuder bedienen. Schließlich hat man von der Plattform des 25 m hohen Turms einen fantastischen Rundblick.

Thomasstraße 2 • Tel.: 05321 43140 • www.zwinger.de • 15. März–Okt. Di.–So. 11–16 Uhr, Nov.–14. März auf Anfrage für Gruppen ab 10 Personen

12 ST. ANNENHAUS S. 58

Vom Erlebnisturm Zwinger laufen Sie durch die Wallanlagen weiter, an den beiden kleinen Judenteichen vorbei bis zur St. Annenhöhe, dort links hinauf zum St. Annenhaus. Es ist das älteste vollständig erhaltene Fachwerkhaus Goslars von 1488. Zum Komplex gehört der Fachwerkbau (Däle), der an einen älteren Steinbau (Kemenate) anschließt. Am Ostgiebel wurde zudem eine kleine Kapelle angebaut, deren barocker Hochaltar der Goslarer Bildschnitzer Jobst Heinrich Lessen 1713 stiftete. Erwähnenswert sind auch die Kruzifixe im Inneren sowie eine Stickdecke aus dem 14. Jh. mit Szenen aus dem Leben der Heiligen Margareta. Das 1494 gegründete Stift bot armen und kranken Leuten Hilfe und Unterkunft. So lebten hier zeitweise zwölf bis vierzehn alte Frauen, die in der Däle arbeiteten und schliefen, aber gemeinsam eine Küche benutzten. Erst zu Beginn des 18. Jh.s wurden zwölf kleine Kammern eingebaut. Seit 2010 sind hier mehrere Vereine untergebracht, die Kapelle wird von der Gemeinde St. Stephani genutzt.

Glockengießerstraße 65 • Sa. 11–13 Uhr und wenn das schmiedeeiserne Tor an der Schielenstraße geöffnet ist

13 WALKMÜHLE S. 58

Ein Abstecher von der Glockengießerstraße bringt Sie linkerhand über die Abzucht und zur Walkmühle. Sie liegt an der Gosestraße, die vom Sträßchen „An der Abzucht" abzweigt, und wurde 1474 von Gewandschneidern errichtet. 1551 erwarben die Tuchmacher das Haus und nutzten es als Zunfthaus. Es wird auch „Runenhaus" genannt, da die Obergeschossbalken viele Runenzeichen schmücken.

Gosestraße 6

14 KEGELWORTHTURM

S. 58

Auf der Glockengießerstraße kommen Sie dagegen am Kegelworthturm vorbei, der die Mauer nur ein wenig überragt und als Wohnung genutzt wird, da der obere Teil durch einen Brand 1860 zerstört wurde.

Glockengießerstraße 50

15 UNTERES WASSERLOCH S. 58

Kurz danach überqueren Sie die Abzucht. Bei einem Abstecher zur Walkmühle erreichen Sie hier wieder den Hauptweg, wo die Abzucht unter der Stadtmauer hindurch die Altstadt verlässt. Eine Inschrift an der Mauer gibt einen Hinweis darauf.

16 JUDENFRIEDHOF S. 58

Am Ende der Glockengießerstraße an der Einmündung in die Kornstraße kommen Sie am Judenfriedhof vorbei, der versteckt hinter einer unscheinbaren Holztür liegt. Er kann im Rahmen von Stadtführungen besichtigt werden, wurde von 1649 bis 1938 belegt und wieder seit 1946. 145 Grabsteine sind herausragende Zeugnisse jüdischer Grabkultur.

Glockengießerstraße • Besichtigungen unter Tel.: 05321 780620

17 BREITES TOR S. 58

Auf der Kornstraße, die ihren Namen von den einstigen Kornlagerhäusern bekam, erreichen Sie schon bald das im Spätmittelalter bedeutendste Stadttor von Goslar. Es wurde 1443 erbaut und nachfolgend zu einem so mächtigen Bollwerk ausgebaut, das manche gewöhnliche Burg in den Schatten stellte. Die Wehranlage bestand einst aus einem äußeren und ei-

Das Breite Tor am Ostende der Breiten Straße

nem inneren Tor, die durch eine Torwächter-Kaserne miteinander verbunden waren. Dieses Bauwerk ist heute unter dem Begriff „Werderhof" bekannt und dient als Tagesklinik für Kinder- und Jugendpsychiatrie. Zum äußeren Tor gehörten zwei große Türme, von denen nur noch der nördliche Rieslingturm erhalten ist. Er hat eine Höhe von 21 m und einen Durchmesser von etwa 20 m. Der Werderhof schließt schließlich auch mit einem Turm ab, der „Brieger Turm" genannt wird und Teil der Stadtmauer ist. Im Rahmen einer Stadtführung kann man auch das Innere des Breiten Tors besichtigen. Am Breiten Tor befindet sich auch das Kunstwerk „Gedenkstätte Goslar", im Volksmund „die Platte" genannt, das der Kaiserringträger von 1981, Richard Serra, aus Cortenstahl erschaffen hat.

Breite Straße • Besichtigungen unter Tel.: 05321 780620

18 BISMARCK-DENKMAL S. 58

Hinter dem Rieslingturm zweigt links die Hohnsche Allee ab und verläuft größtenteils parallel zur Bahnstrecke Oker–Goslar, die den früheren Verteidigungsgraben nutzt. Über die rechts abzweigende Brückenstraße erreichen Sie dann eine Grünanlage, in der linkerhand das Bismarck-Denkmal steht. Das bronzene Denkmal wurde in Lauchhammer bei Dresden angefertigt und vom Berliner Bildhauer Willibald Böttcher entworfen. Am 5. Oktober 1902 wurde es durch den damaligen Bürgermeister eingeweiht. Von dort haben Sie eine sehr schöne Aussicht auf Goslar samt Umgebung aus Richtung Norden.

Otto-von-Bismarck-Denkmal an der Bismarckstraße

Brückenstraße/Bismarckstraße

19 RUINE STIFTSKIRCHE ST. GEORG S. 58

Vom Bismarck-Denkmal geht es hinauf zur Bismarckstraße und über diese in die Klosterstraße, an der linkerhand ein kleiner Park mit der Kirchenruine liegt. Das Stift geht auf Kaiser Konrad II. zurück, die Reste der Grundmauern stammen aus dem 10. und 11. Jh., wo-

bei die Stiftskirche, bestehend aus Oktogon und Choranbau, etwa 55 m lang und bis zu 27 m breit war. Das ursprünglich reichsfreie Stift wurde von Heinrich V. im Jahr 1108 dem Hochstift Hildesheim geschenkt. Einige Jahre später übernahmen Augustiner-Chorherren das Stift. 1145 soll es einen Brand gegeben haben, 1484–86 wurde es im Rahmen der Großen Hildesheimer Fehde stark beschädigt. In beiden Fällen erfolgte ein Wiederaufbau. 1527 entschieden Goslarer Bürger, das Stift niederzubrennen, um zu verhindern, dass Herzog Heinrich der Jüngere von Braunschweig-Lüneburg die Stadt im Zuge von Auseinandersetzungen von hieraus angreifen konnte. Seither ist das Stift eine Ruine, in deren Zentrum des Oktogons heute die Kaiser-Säule des Oldenburger Bildhauers Eckhart Grenzer von 1980 steht.
Klosterstraße

20 EHEMALIGES ODEON-THEATER S. 58

Von der Ruine gelangen Sie wieder hinunter auf die Bismarckstraße und neben ihr in Richtung Bahnhof. Auf Bahnhofshöhe liegt dann rechts das historische Gebäude des ehemaligen Odeon-Theaters mit einer Jugendstilfassade. Das Haus, das man früher für Kino, Theater, Tagungen und mehr nutzte, wurde 1899 als Kaisersaal eingeweiht. Nach einer wechselvollen Geschichte musste es 2012 aufgrund unfinanzierbarer Brandschutz- und Sanierungsmaßnahmen geschlossen werden.
Bismarckstraße 1

21 ROSENTORSTRASSE S. 58

Bei der Ampel wechseln Sie die Straßenseite, unterqueren die Bahnstrecke und erreichen auf ihrer Südseite die Klubgartenstraße, rechts den Bahnhof bzw. links die Rosentorstraße, die in die Innenstadt führt. An ihr liegt linkerhand das Hotel „Der Achtermann“ (S. 127), in dessen Komplex der Schäferturm als Teil vom früheren Rosentor einbezogen ist. Gegenüber liegt dann die Neuwerkkirche. Hier können Sie auch zum vorherigen Stadtrundgang durch die Oberstadt wechseln.
Rosentorstraße 20

22 WEBERTURM S. 58

Biegen Sie dann links in die Mauerstraße ab, die parallel zur alten Stadtmauer verläuft, erreichen Sie schon bald den hohen Weberturm, Teil der ehemaligen Stadtbefestigung und heute ein Luxus-Ferienhaus (S. 129). Er wurde um 1280 errichtet und nach Zerstörung 1946 wiederaufgebaut.
Mauerstraße 37

23 TEUFELSTURM S. 58

Im weiteren Verlauf der Mauerstraße folgt ein Fachwerkhaus, aus dem an der Rückseite ein weiterer Turm herausragt, der Teufelsturm. Der Sage nach soll im Jahre 1280 der Graf Siegfried von Blankenburg nach Goslar gekommen

sein, um den Bürgern das Vieh zu stehlen. Er wurde aber gefangengenommen und musste zur Strafe einen Turm zu errichten, den heutigen Weberturm. Da dieser aber nicht den Vorstellungen der Ratsherren entsprach, musste er unter Protest einen weiteren Turm bauen, den jetzigen Teufelsturm.

Mauerstraße 31

24 ULRICHSCHER GARTEN S. 58

Zunächst weiter auf der Mauerstraße, dann rechts auf der Springerstraße bis zu ihrer Einmündung in die schon 1398 erwähnte Breite Straße. Dort liegt der Ulrichsche Garten, der im 18. Jh. angelegt wurde. Der kleine Park, unter dem einst ein Luftschutzraum lag, ist eine kleine grüne Oase in der Altstadt, in der Sie verweilen können. Im Park liegt auch ein Taubenschlag, der als Fledermaus-Sommerquartier ausgebaut wurde.

Breite Straße 24 • täglich Apr.–Okt.

25 STEPHANIKIRCHE S. 58

Der Breiten Straße rechts folgend, kommen Sie zur Stephanikirche, einer dreischiffigen Hallenkirche von 1734 mit einem Westturm. Ursprünglich stand in diesem Viertel im Osten der Altstadt eine kreuzförmige Basilika aus dem 12. Jh. Diese wurde 1728 bei einem Brand des gesamten Viertels zerstört. Der heutige Bau wurde von Johann Daniel Köppel entworfen, Schüler und Schwiegersohn von Francesco Mitta. Die Außenwände sind durch gotische Strebepfeiler gegliedert, den Westabschluss bildet ein rechteckiger relativ schmuckloser Glockenturm mit Laterne.

Ist das Äußere sehr schlicht, überrascht die Kirche im Inneren mit einer reichen Barockausstattung. Erwähnenswert sind u.a. die geschnitzten Säulen, die die Orgelempore tragen, die Altarwand von 1767 mit einer Abendmahlsdarstellung in der Predella von 1610, die Kanzel mit verziertem Schalldeckel sowie ein Buntglasfenster mit der Taufe Christi.

Obere Kirchstraße 4 • Tel.: 05321 22647 (Pfarrbüro) • Palmsonntag–Ende Okt Mo. 11–12.30 Uhr, Di./Mi. 15–16.30 Uhr, Fr./Sa. 11–12.30/15–16.30 Uhr, So. 10.30–12/15–16.30 Uhr, Führungen nach Absprache

26 KAISERPASSAGE S. 58

Auf der Breiten Straße weiter in Richtung Markt erreichen Sie die rechtsliegende KaiserPassage. Die lichtdurchflutete Passage bietet als modernes Einkaufscenter ein großzügiges Ambiente und hat einen weiteren Zugang von der Fischemäkerstraße her. Von der Passage in gleicher Richtung weiter kommen Sie bald zurück zum Markt, dem Ausgangspunkt des Rundgangs.

Breite Straße 98 • www.kaiserpassage-goslar.de

◀ Der Weberturm – früher Teil der Stadtbefestigung, heute luxuriöses Ferienhaus

AUSSERHALB DER INNENSTADT

Mit dem Bergwerk Rammelsberg liegt südlich der Altstadt eine weitere UNESCO-Weltkulturerbestätte, für die Sie sich möglichst einen ganzen Tag Zeit nehmen sollten. Eine wunderschöne Aussicht auf Goslar genießen Sie vom Maltermeisterturm. In der Umgebung locken aber noch viele weitere Aussichtspunkte, darunter der Sudmerberg nördlich von Oker. Eine Natursehenswürdigkeit ist dagegen die Kluskapelle. Wer mehr dem nassen Element zugetan ist, kann sich im Aquantic-Schwimmpark am Osterfeld austoben.

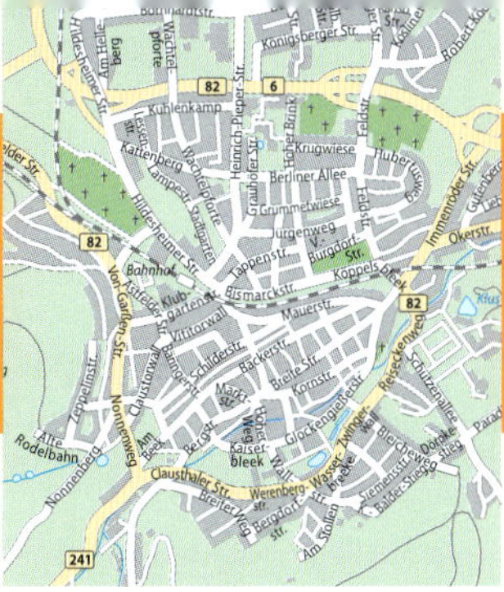

siehe große Karte S. 72/73

SEHENSWERTES

Bergwerk Rammelsberg Die Weltkulturerbestätte ist ein Muss, wenn Sie Goslar besuchen, und ein absolut einmaliges Erlebnis über und unter Tage. S. 74 1

Kluskapelle Ein ganz besonderes unter Naturschutz stehendes Denkmal ist diese Felsen-Kapelle. S. 80 8

Sudmerbergwarte Der Sudmerberg mit seinem Aussichtsturm eröffnet weite Aussichten über Teile von Goslar bis hin zum Brocken. S. 83 13

Walderlebnispfad Sie und Ihre Kinder können auf dem Erlebnispfad ihre Geschicklichkeit testen. S. 78 4

Klusfelsen mit Kapelleneingang

GASTRONOMIE

Maltermeister Turm-Restaurant 1584 Speisen mit einem der schönsten Ausblicke auf die Stadt Goslar am oberen Rand des Bergwerks Rammelsberg. S. 116 5

Steinberg-Alm Zum Rösner Almschmankerln genießen in urigem Ambiente mit Kachelofen, bei gutem Wetter auch auf der Terrasse. S. 116 6

ÜBERNACHTEN

Hotel- und Tagungszentrum Hessenkopf Viel Natur und die Möglichkeit, im Fass oder im Heu zu übernachten, bietet dieses Haus. S. 130 18

Jugendherberge Goslar Wer eine preiswerte Übernachtungsmöglichkeit sucht, findet diese unweit vom Besucherbergwerk Rammelsberg. S. 129 12

KULTUR UND FREIZEIT

Aquantic-Schwimmpark Badefreuden pur und Sauna erleben Sie hier. S. 136 22

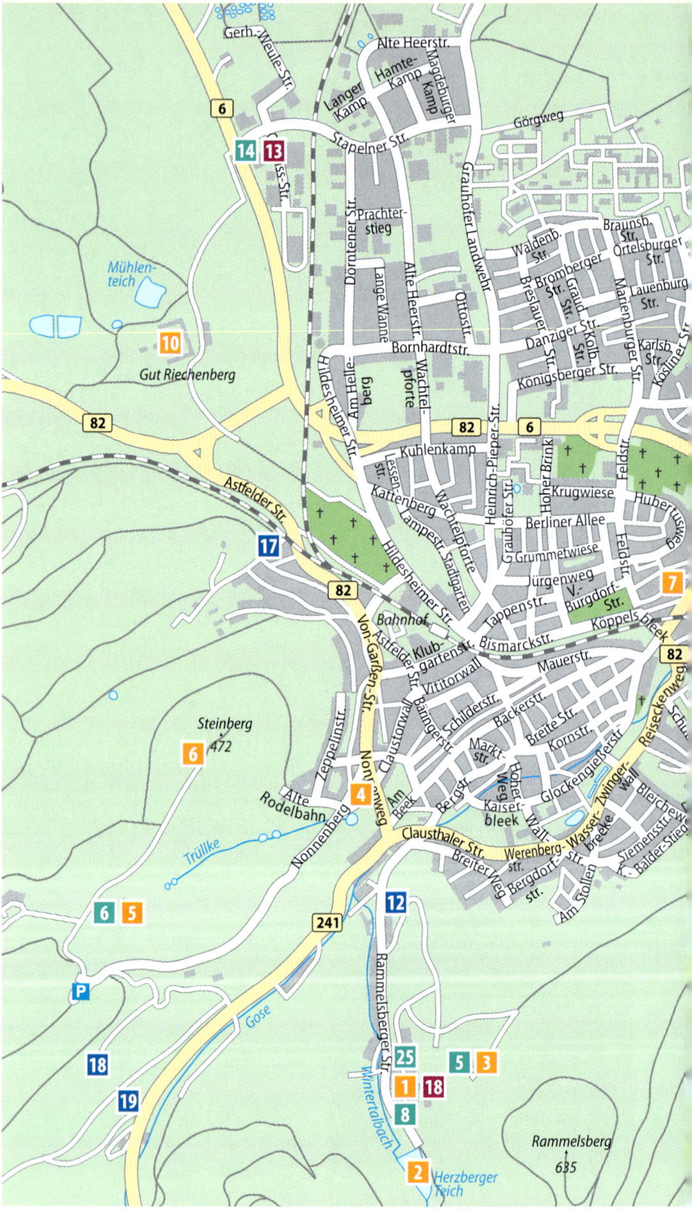

Gerh.-Weule-Str.
Alte Heerstr.
Hamte-Kamp
Magdeburger Kamp
Langer Kamp
Görgweg
Stapelner Str.
Grauhöfer Landwehr
Prachter-stieg
Dörntener Str.
Lange Wanne
Alte Heerstr.
Ottostr.
Waldenb. Str.
Braunsb. Str.
Ortelsburger Str.
Bromberger Str.
Breslauer Str.
Graud. Str.
Marienburger Str.
Lauenburg Str.
Danziger Str.
Kolb. Str.
Karlsb. Str.
Kösliner Str.
Königsberger Str.
Mühlen-teich
Gut Riechenberg
Bornhardtstr.
Hildesheimer Str.
Am Helle-berg
Wachtel-pforte
Heinrich-Pieper-Str.
Kuhlenkamp
Lessen-str.
Kattenberg
Lampestr.
Wachtelpforte
Stadtgarten
Grauhöfer Str.
Hoher Brink
Krugwiese
Feldstr.
Hubertusweg
Berliner Allee
Grummetwiese
Jürgenweg
V.-Burgdorf-Str.
Tappenstr.
Köppelsbleek
Bismarckstr.
Astfelder Str.
Bahnhof
Klub-gartenstr.
Von-Garßen-Str.
Mauerstr.
Vititorwall
Reiseckenweg
Schilderstr.
Bäckerstr.
Breite Str.
Kornstr.
Glockengießerstr.
Zwinger-wall
Markt-str.
Hoher Weg
Bäringerstr.
Claustorwall
Zeppelinstr.
Steinberg
472
Alte Rodelbahn
Nonnenweg
Am Beek
Bergstr.
Kaiser-bleek
Wall
Wasser-breeke
Bleichew.
Siemensstr.
K.-Balder-Stieg
Clausthaler Str.
Werenberg-str.
Breiter Weg
Bergdorf-str.
Am Stollen
Trüllke
Nonnenberg
Gose
Rammelsberger Str.
Wintertalbach
Rammelsberg
635
Herzberger Teich
6
82
241
P
1 2 3 4 5 6 7 8 10 12 13 14 17 18 19 25

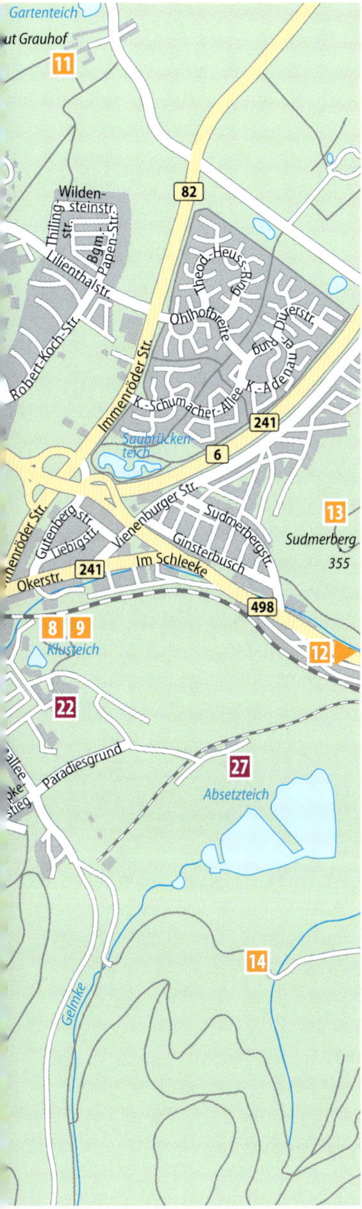

SEHENSWERTES

GASTRONOMIE

ÜBERNACHTUNG

KULTUR UND FREIZEIT

1 BERGWERK RAMMELSBERG S. 73

TOP-TIPP

Südlich der Altstadt von Goslar liegt am Nordrand des Harzes der 635 m hohe Rammelsberg. An seinem Abhang liegt das weithin bekannte, 1988 stillgelegte Erzbergwerk, das seit 1992 als Besucherbergwerk und Museum zum UNESCO-Weltkulturerbe gehört. Von der Altstadt aus erreicht man das Bergwerk zu Fuß über die Bergstraße, Rammelsberger Straße und Bergtal, mit dem Stadtbus ab Bahnhof bzw. Innenstadt mit der Linie 803. Im Bereich des Bergwerks gibt es zudem sehr viele Parkplätze.

Die Erze am Rammelsberg entstanden vor rund 350 Mio. Jahren durch den Austritt heißer metallhaltiger Thermen am Meeresboden. Dazu gehören Zink, Blei, Kupfer sowie etwas Silber und Gold. Den Erzabbau begann man im sogenannten Alten Lager, mit durch Erosion an der Erdoberfläche freigelegtem Erz. Erst im 19. Jh. begann man mit dem Abbau im Neuen Lager. In der Frühphase des Bergbaus gewann man vor allen Dingen Kupfer, später dann auch Blei. Silber spielte nie eine entscheidende Rolle.

Im Rahmen einer archäologischen Begehung im Jahr 1999 fand man auf einer Abraumhalde Reste eines Lederschuhs, die sich in die Zeit um 1024 datieren lassen. Außerdem entdeckte man im Jahr 2011 dort im Untergrund eine Holzkonstruktion, die als mittelalterliches Bergwerk im Alten Lager mit Schacht und Stollen gedeutet werden kann. Für 1376 ist zudem ein Grubenunglück datiert, bei dem mindestens 100 Bergleute durch Gesteinsmassen verschüttet wurden und ums Leben kamen. Auch später kam es im Rahmen des Untertagebaus mehrfach zu Bergeinstürzen und zum Absaufen von Stollen.

Durch den Einsatz neuer bergbau- und hüttentechnischer Methoden war die Zeit um 1500 ein Höhepunkt in der Erzgewinnung am Rammelsberg. Ursprünglich im kaiserlichen Besitz, dann der Stadt Goslar gehörend, erlangten 1552 die Braunschweiger Welfenherzöge im Rahmen des Riechenberger Vertrages die Obrigkeit am Rammelsberg; in diese Rechte trat 1866 Preußen ein. Vom 18. Jh. an wurde auch Gold gefördert. Glücklicherweise entdeckte man 1859 ein Neues Lager, das bei zunehmenden Fördermengen den Abbau bis 1988 sicherte. Einher gingen technische Neuerungen. Die Nationalsozialisten sahen das Bergwerk als kriegswichtig an und bauten es innerhalb von vier Jahren massiv aus. In den über 1.000 Jahren Bergbaugeschichte wurden 27 Mio. Tonnen Erz gefördert.

Nachdem die Förderung wegen weitgehender Erschöpfung der Lagerstätte am 30. Juni 1988 eingestellt wurde, setzte sich ein Bürgerverein gegen den geplan-

Blick zu den heutigen Ausstellungshallen

ten Abriss der Tagesanlagen und die Verfüllung der historischen Grubenräume ein. Es gelang, das Bergwerk zusammen mit der Goslarer Altstadt als UNESCO-Weltkulturerbe anzuerkennen lassen. Im Jahre 2010 erfolgte eine Erweiterung um das Oberharzer Wasserregal, die Grube Samson in St. Andreasberg und das Kloster Walkenried.

Das heutige Museum und Besucherbergwerk zählt zu den größten musealen Stätten Deutschlands. Für eine Besichtigung sollte man fast einen ganzen Tag einplanen und kann sich zwischendurch im Bistro erholen und stärken.
Die terrassenförmig angelegte Erzaufbereitungsanlage, die 1935 nach Plänen von Fritz Schupp angelegt wurde, ist der Teil, der

DIE SAGEN ZUM RAMMELSBERG

Der Sage nach soll im Jahre 968 ein Ritter und Gefolgsmann von Kaiser Otto dem Großen am Rammelsberg sein Pferd an einen Baum angebunden haben, um im unwegsamen Gelände allein dem Wild nachzustellen. Das ungeduldig wartende Pferd scharrte mit den Hufen und legte so das Erz frei, das danach zum über 1.000-jährigen Abbau von Erz führte. Weitere Erklärungen sind, dass der Name Rammelsberg in Verbindung mit Bärlauch steht, das im Harz „Ramsen" heißt, also „der mit Bärlauch bewachsene Berg". Andere Erklärungen verweisen darauf, dass der Begriff „Ram" auch in anderen Bergbaugebieten Verwendung fand, beispielsweise bei Ramsau, oder die italienische Bezeichnung für Kupfer „rame" ist.

schon aus der Ferne zu sehen ist.

Die Ausstellung erstreckt sich über mehrere Museumshäuser. Im Museumshaus „Erzaufbereitung" finden Sie inmitten von originalen alten Aufbereitungsmaschinen eine Geologie- und Mineralogieausstellung. Im ehemaligen Magazingebäude wird am Beispiel des Bergbaus am Rammelsberg gezeigt, wie diese Arbeit Einfluss auf das Leben der Menschen nahm. Im neuromanischen Museumshaus „Kraftzentrale" ist die ganze technische Einrichtung von 1906 samt diversen Kompressoren erhalten, aber auch Kunst wird präsentiert. Und im Museumshaus „Lohnhalle/Kaue" finden sich u. a. alte Erzförderwagen, darunter auch der letzte als Leihgabe des Mönchehaus-Museums.

Besonders interessant sind aber die angebotenen Führungen, bei denen Sie den Untertageabbau hautnah nachvollziehen können. Diese beginnen in der Mannschaftskaue, wo seinerzeit die Kleidung der Bergleute aufgehängt wurde. Dabei stehen verschiedene Touren zur Auswahl: Grubenbahntour (rund 1 Std.), halbstündlich 10.30–6.30 Uhr; Roder-Stollen-Tour (1 ¼ Std.), jeweils zur vollen Std. 10–16 Uhr; Vom Erzbrocken zum Konzentrat (2 Std.), täglich 11/14 Uhr; Rathstiefste Stollen (1 ½–4 Std.), nur auf Voranmeldung.

Eine Fahrt mit dem Schrägaufzug (ca. 20 min), der 1936 für den Transport von Material in Betrieb genommen wurde, bringt Sie von April bis Oktober rund 100 Meter in die Höhe und erlaubt Ihnen einen einzigartigen Ausblick über die Übertageanlagen des ehemaligen Erzbergwerks.

Das Bergwerk war Drehort für den Film „The Monuments Men" mit

DER BERGMEISTER JOHANN CHRISTOPH ROEDER

Der 1729 in Clausthal-Zellerfeld geborene Johann Christoph Roeder arbeitete seit 1763 im Bergwerk Rammelsberg. Nach seiner Beförderung zum Oberbergmeister im Jahr 1797 begann er damit, das Bergwerk am Rammelsberg zu modernisieren, damit Kosten zu senken und die Förderleistung zu steigern. So ließ er im Berg zur Sicherung unnötige Hohlräume verfüllen und verlegte die Tagesanlage am Maltermeisterturm, von wo die Erze mit Pferdefuhrwerken zur Hütte Oker gefahren wurden, ins Tal. Damit wurden rund 100 m Förderhöhe eingespart. Er erhöhte zudem den Herzberger Teich, ließ im Berginneren vier neue Radstuben bauen, zwei für Kehrräder zur Förderung und zwei Räder für die Wasserhebung. Die Zuführung des Wassers aus dem Herzberger Teich erfolgte über den Roeder-Stollen, das Wasser des Teichs wurde dann viermal ausgenutzt, bevor es durch den Rathstiefsten Stollen wieder abfloss. Mit diesen Veränderungen war eine effektive Erzgewinnung bis 1905 gesichert. Roeder selbst trat 1810 in den Ruhestand und verstarb 1813 in Goslar.

Der Maltermeisterturm

George Clooney, und für Besitzer der „Harzer Wandernadel" befindet sich im Eingang auch die Stempelstelle 91.

Weltkulturerbe Rammelsberg, Museum & Besucherbergwerk • Bergtal 19 • Tel.: 05321 750122 • www.rammelsberg.de • Sommer: Mo.–So. 9–18 Uhr, letzte Führung 16.30 Uhr, Winter: Mo.–So. 9–17 Uhr, letzte Führung 15.30 Uhr

2 HERZBERGER TEICH S. 73

Zum Bergwerk gehört auch der taleinwärts gelegene Herzberger Teich mit einer Fläche von 5.438 qm, der 1561 angelegt wurde und dessen Wasser zur Kühlung der Bergwerksanlage genutzt wurde. 1651 kam es zu einem Dammbruch, der großen Schaden in Goslar verursachte. 1768 wurde ein neuer 4 m höherer und stabilerer Damm erbaut.

3 MALTERMEISTER-TURM S. 73

ENTDECKER-TIPP

Der Turm gehörte einst auch zum Bergwerk. Um ihn zu erreichen, laufen Sie vom Museumseingang weiter talein und finden unweit vom Zugang zum Roederstollen linkerhand einen schmalen Weg, der steil zu diesem hinaufführt. Sie treffen dann unweit vom Turm auf die Bruchchaussee, die auch eine Anfahrt mit dem Auto ermöglicht. Der auf 419 m Höhe liegende Rundturm wurde im 13. oder 14. Jh. erbaut, urkundlich erwähnt ist er allerdings erstmals 1548. Seit 1578 wurde er als Anläuteturm genutzt. Die Glocke in ertönte vor Schichtbeginn im Bergwerk, sollte aber auch vor Angreifern warnen. Um 1740 baute man im Turm eine Wohnung für den Maltermeister, also den Holzverwalter des Berg-

Durchgang am Walderlebnispfad

werkes. Nach ihm wurde auch der Turm benannt. Der Maltermeister verwaltete das für den Bergbaubetrieb benötigte Holz, das seinerzeit in Maltern gemessen wurde, einem alten Volumenmaß. Bis ins 19. Jh. wohnten dann Maltermeister im Turm. Von der Terrasse des angrenzenden Ausflugslokals (S. 116) hat man einen der schönsten Blicke auf Goslar und das Harzvorland überhaupt.

Der Maltermeisterturm ist ansonsten der Ausgangspunkt für zahlreiche interessante Wanderungen. Sie können auch zu Fuß in die Altstadt absteigen. Vom Waldrand unterhalb des Turms kommen Sie dabei über das Wiesengelände, auf dem die Drachenflieger landen, und können auch an der Ruine der Pfarrkirche St. Johannis vorbeilaufen, einst Mittelpunkt der ursprünglichen Siedlung der Bergleute, die nach 1527 in die schützende Stadt umzogen, und kehren über die Bergdorfstraße und Wallstraße in die Innenstadt zurück.

Bruchchaussee

4 WALDERLEBNISPFAD S. 73

ENTDECKER-TIPP

Im Südwesten begrenzt der Nonnenweg (B 82) die Altstadt, an den auch die Frankenberger Kirche angrenzt, und ist gleichzeitig ein Teil des Altstadtrings. Wo der Nonnenweg vom Claustorwall gekreuzt wird, beginnt westlich vom Nonnenweg auch ein Weg, der zum Frankenberger Teich führt. Oberhalb davon beginnt der etwa 2,5 km lange Walderlebnispfad mit einem Holztor, der von vielen Freiwilligen geplant und errichtet und 2006 eröffnet wurde. Auf dem Pfad kann man einfach nur

Almhütte auf der Steinberg-Alm

die Ruhe des Waldes genießen, seine Geschicklichkeit testen oder an den 19 Stationen viel entdecken. Station 6 zeigt beispielsweise, wie weit Tiere springen können, an Station 12 können Sie mit einem Stock das dort hängende Holz zum Klingen bringen oder an Station 14 die Balance halten. Der Pfad endet an der Clausthaler Straße (B 214), dort befindet sich auch eine Bus-Haltstelle der Linie Goslar–Hahnenklee und zurück.

Weitere Informationen unter www.freiwilligenagentur-goslar.de.

5 STEINBERG-ALM S. 73

ENTDECKER-TIPP

Sie nehmen von der zuvor erwähnten B 214 dann bergauf den Fahrweg zum Hotel und Tagungszentrum Hessenkopf (S. 130). Vor der Zufahrt dann rechts weiter und per Linkskurve zum Fahrweg Nonnenberg, dem Sie dann links folgen. In einer Rechtskurve liegt dann ein Parkplatz. Dort beginnt der leicht ansteigende Zugangsweg zur Steinberg Alm, die in traumhafter Lage in rund 400 m Höhe am Harzer Steinberg liegt, und von deren Terrasse der Blick in Richtung Goslar geht. Auch hier wurde für den Film „The Monuments Men" mit George Clooney gedreht. Bei der bewirtschafteten Almhütte „Zum Rösner" (S. 116) liegen ein Abenteuerspielplatz und eine Wiese mit Ponys, zahlreiche Wanderrouten oder Mountainbike-Strecken wollen entdeckt werden, und im Winter lockt ein kleiner Rodelhang.

Nonnenberg 11

6 STEINBERGTURM S. 73

Hinter der Alm steigen Sie dann den Hang zu einem kleinen Park-

Der Steinbergturm

platz oberhalb der Alm –wieder am Fahrweg Nonnenberg – empor. Diesem Fahrweg folgen Sie nach rechts zum Steinberg und erreichen dann auf diesem einen alten Aussichtsturm in 472 m Höhe. Er wurde 1888 als Kaiserturm unter der Regie des Harzklubs erbaut und ist normalerweise offen. Von seiner Plattform genießen Sie eine weite Sicht auf das Harzvorland und Teile von Goslar. An seinem Fuß befindet sich die Stempelstelle 111 für die Harzer Wandernadel. Östlich, etwas unterhalb vom Turm, führt ein Fußweg hinab zu einem tiefer liegenden Fahrweg, auf dem Sie zurück nach Goslar kommen.

7 SIECHENHOF S. 73

Östlich vom Breiten Tor, hinter der Bahnunterführung, liegt etwas nördlich der Okerstraße der Siechenhof, von dem die 1752 erbaute Kapelle St. Pankratius erhalten geblieben ist. Er diente seinerzeit zur Unterbringung von Kranken mit Ansteckungskrankheiten, u. a. Leprakranke, und befand sich in dem niedrigen Fachwerkbau, der etwas erhöht liegt. Die Kapelle geht auf 1265 zurück, wurde später erweitert und dem heiligen Pankratius geweiht. 1750 wurde sie nach mehreren Bränden abgerissen, aber schon 1754 wieder neu erbaut. Bis zur Auflösung der Stiftung 1870 fanden darin Gottesdienste statt. 1949 wurde sie dann als Christuskirche wieder geweiht und steht seither als Gotteshaus zur Verfügung.

Am Siechenhof 12

8 KLUSFELSEN MIT KLUSKAPELLE S. 73

An der Nordwestseite des Petersberges liegt oberhalb vom Klusteich der Klusfelsen mit der Klus-

kapelle. Dieser Sandsteinfelsen aus der Kreidezeit ragt als fast 20 m hohe und 50 m lange Felsrippe aus der nahezu ebenen Umgebung hervor. Bereits im Mittelalter wurden mehrere Höhlen und Treppenstufen in den Felsen hineingemeißelt. Der Sage nach lebte hier ein Einsiedler. Am 2. September 1784 besuchte Johann Wolfgang von Goethe zusammen mit Georg Melchior Kraus während seiner dritten Harzreise diesen Felsen.
In einer der natürlichen Höhlen wurde eine Marienkapelle, die sogenannte Kluskapelle, eingerichtet. Sie wurde aber ab dem 19. Jh. als Stall und Lagerraum benutzt. Die alte Kapelle ist nicht zugänglich, der Felsen steht unter Naturschutz.

9 KLOSTER ST. PETER

S. 73

Vom Klusfelsen auf dem Waldweg bergan gelangen Sie zu den Fundamentresten des zerstörten Klosters, das um 1050 von Heinrich III. erbaut wurde. Es blühte in der Nachfolgezeit auf, und die Stiftskirche wurde zu einer mächtigen Basilika mit Westwerk, Querhaus und Vierungsturm ausgebaut. 1422 übernahmen Franziskaner die Gebäude, im Jahr 1500 ging die Vogtei des Stifts an die Stadt Goslar. 1527 beschloss der Rat der Stadt im Angesicht der Bedrohung Goslars durch Heinrich II. von Braunschweig-Wolfenbüttel die Zerstörung des strategisch günstig gelegenen Stifts. Nach dem großen Stadtbrand vom 26. April 1728 wurde die Ruine als Steinbruch genutzt, u. a. für den Neubau der Stephanikirche. Ab 1871 wurden im Zuge von Vermessungen und Grabungen die Mauerreste im Erdreich gesichert und zeigen den Grundriss der früheren Kirche. Unterhalb vom Klusberg liegt der im Privatbesitz befindliche Klusteich.

10 KLOSTER RIECHENBERG

S. 73

Am nordwestlichen Stadtrand von Goslar liegt das Evangelische Gethsemanekloster Riechenberg. Gestiftet wurde es im Jahre 1117. Anfangs lebte man dort nach den Regeln des Benediktinerordens, schon bald aber wurde es als Augustiner-Chorherrenstift geführt. 1150 wurde die bis heute erhaltene romanische Krypta erbaut, 1173 die gesamte Stiftskirche, die aber später abgetragen wurde. 1278 beschädigte ein Brand die Klostergebäude. Nach 1527 baute Herzog Heinrich II. die Klosteranlage zur Festung gegen die Reichsstadt Goslar aus und richtete hier sogar eine Münzstätte ein. 1569 wurde das Kloster lutherisch, 1643 wieder katholisch. Danach wurden die Gebäude wiederhergestellt und innen barockisiert. Unter Propst Wilhelm de la Tour, dessen Amtszeit 1762 begann, wurde viel Geld verschwendet und nach seiner Flucht vor fürstbischöflichen Soldaten ließ er das Kloster zahlungsunfähig zurück. Es wurde

1794 aufgelöst und nur vier Chorherren blieben hier. 1803 kam das Klostergut in preußischen, 1815 in hannoverschen Besitz. 1816 brannte das Propsteigebäude nieder und 1818 wurde die romanische Stiftskirche abgerissen, um Baumanterial zu gewinnen.
In den 1980er Jahren begann die Klosterkammer, Riechenberg für eine evangelische Bruderschaft herzurichten. Zu diesem Zweck wurden die noch vorhandenen Konventsgebäude bewohnbar gemacht und die romanische dreischiffige Hallenkrypta restauriert. Von der ehemaligen Stiftskirche sind ebenfalls Teile erhalten, die Sakristei ist als Kapelle ausgebaut. Das heutige Gethsemanekloster versteht sich als Kloster auf Zeit, in dem man am Leben der Klostergemeinschaft teilhaben kann.

Gut Riechenberg 1 • Tel.: 05321 21712 • www.gethsemanekloster.den • geführte Besichtigungen der Krypta und Kirchenruine Mai–Okt. Di. 15 Uhr ab Rosenpforte an der Südmauer

11 KLOSTER GRAUHOF S. 73

Das im Norden Goslars gelegene Kloster wurde im Jahr 1025 von Kaiser Konrad II. zunächst auf dem Georgenberg gegründet. Der heutige Standort war dagegen ursprünglich ein landwirtschaftlicher Gutshof dieses Augustiner-Chorherrenstifts, das später ganz hierher verlegt wurde, nachdem 1527 das Goslarer Stift zerstört wurde. Von 1569 bis 1643 gab es hier eine protestantische Lateinschule, dann wurde das Kloster rekatholisiert und wieder Wirkungsstätte der Augustiner. Ab 1701 entstand das heutige Barocke Gebäudeensemble. Einzigartig ist die markante Barockkirche, mit deren Bau 1711 unter Regie des Mailänder Baumeisters Francesco Mitta begonnen wurde und deren 30 m hoher Turm schon aus der Ferne zu sehen ist. Die von 1734 bis 1737 vom Orgelbauer Christoph Treutmann d. Ä. erbaute Orgel zählt zu den schönsten Barockorgeln in ganz Norddeutschland. Weitere erwähnenswerte Schätze aus dem Inneren sind die holzgeschnitzte Kanzel von 1721 und das Chorgestühl aus den 1720er Jahren.1741 erhielt die Kirche einen zweistöckigen Anbau an der Ostseite mit Sakristei und Kapelle. 1803 endete die Zeit als Kloster, die Kirche blieb aber katholische Pfarrkirche. In den Jahren 2007 bis 2009 erfolgte eine aufwendige Sanierung.

Gut Grauhof 2 • Tel.: 05321 37280 (Kirchenbüro) oder 0151 15578636 (Herr Schwerdhelm) • So./Feiertage 15–17 Uhr und nach tel. Vereinbarung

12 MARTIN-LUTHER-KIRCHE S. 73

Die Kirche liegt im Zentrum des Stadtteils Oker und wurde 1823–36 erbaut. In ihrem Inneren schlummert ein Meisterwerk des Herzberger Orgelbauers Andreas Engelhardt. Die unter Denkmalschutz stehende Orgel mit ursprünglich 13 Stimmen stammt aus dem Jahr 1841. Sie wurde 1962 auf 18 Register und zwei Manuale erweitert, 1986 vom einheimischen Orgelbauer Hans-Heinz Blöß umgestaltet und 2011 nochmals umfassend saniert.

Hüttenstraße 1 (Oker)

13 SUDMERBERG-WARTE

S. 73

Nördlich von Oker erhebt sich der 354 m hohe Sudmerberg. Auf ihm steht die Sudmerbergwarte, ein 12 m hoher runder Aussichtsturm aus Sand- und Bruchstein mit 5,6 m Durchmesser. Der Turm wurde um 1400 erbaut, brannte 1670 nach einem Blitzschlag aus und wurde wiederaufgebaut. Ursprünglich von militärischer Bedeutung, wurde er nach 1927 als Navigationsturm für den Flugplatz Goslar genutzt. Heute lohnt sich seine Besteigung aufgrund der Aussicht. Der Blick geht über Teile von Goslar, über das Harzvorland, Richtung Halberstadt und bis zum Brocken. Der Aufstieg startet an der Straße „Am Sudmerberg" im nördlichen Teil von Oker. Der dort beginnende Fahrweg ermöglicht einen Rundweg über den Aussichtsberg, wobei ein kurzes Wegstück als Pfad verläuft.

14 SCHUTZHÜTTE AMMENTAL

S. 73

Die Harzabhänge und das Okertal laden zu ausgiebigen Wanderungen ein. Im Südwesten von Oker liegt unweit vom alten Forsthaus Großes Ammental die Schutzhütte Ammental. Sie liegt auf 315 m Höhe und ist Stempelstelle zum Erwerb der Harzer Wandernadel (www.harzer-wandernadel.de). Die Aussicht umfasst die Klärteiche, den Sudmerberg und Teile von Oker.

Wanderweg E 6

OKER – DER INDUSTRIESTANDORT GOSLARS

Östlich der Kernstadt liegt der bis 1972 selbstständige Stadtteil Oker, begrenzt im Norden vom Sudmerberg und im Süden vom Eingang des Okertals und über die B 498 schnell zu erreichen. Auch befindet sich hier ein weiterer Bahnhof. 1527 wurde Oker erstmals als Siedlung von Hüttenarbeitern erwähnt und war lange ein Zentrum der Harzer Hüttentechnik. Nach dem Ersten Weltkrieg verwandelte sich Oker in einen bedeutenden Standort von Schwerindustrie, was zwar Arbeitsplätze brachte, aber auch mit Umweltschäden verbunden war. 1952 erhielt man das Stadtrecht und gehörte damals zum Landkreis Wolfenbüttel. Der heute rund 5.600 Einwohner zählende Stadtteil ist geprägt von großen Industrie- und Gewerbeflächen, hat aber mit dem Sudmerberg und den Abhängen des Harzes samt Okertal auch landschaftliche Reize zu bieten. Größter Arbeitgeber ist heute das Chemieunternehmen H. C. Starck.

HAHNENKLEE-BOCKS-WIESE UND VIENENBURG

Die beiden Stadtteile könnten nicht gegensätzlicher sein. Beiden ist jedoch gemeinsam, dass sie ursprünglich selbstständig waren und nach Goslar eingemeindet wurden, Hahnenklee-Bockswiese am 1. Juli 1972, Vienenburg zum 1. Januar 2014. Hahnenklee-Bockswiese liegt auf einem Hochplateau im Harz in 570 m Höhe, und seit dem 19. Jahrhundert spielt der Fremdenverkehr eine wichtige Rolle. Vienenburg geht auf eine alte Burg zurück, liegt im Harzvorland und bietet eine Reihe unterschiedlicher Attraktionen, für die man sich auch einen Tag Zeit nehmen sollte.

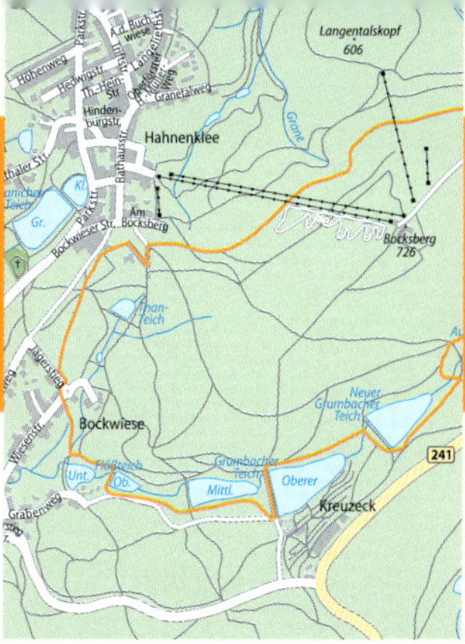

siehe große Karte S. 86/87

SEHENSWERTES

Oberharzer Wasserwirtschaft Ein weltweit einmaliges Wasserleitsystem und UNESCO-Weltkulturerbe! S. 90 2

Eisenbahnmuseum Vienenburg Das Museum lässt das Herz aller Eisenbahnfreunde höherschlagen und umfasst eine Ausstellung im Bahnhof sowie einen Außenbereich. S. 93 5

Kloster Wöltingerode Hier vereinen sich Geschichte, Events und kulinarische, auch flüssige, Genüsse, miteinander. S. 93 6

Stabkirche Hahnenklee Eine nach norwegischem Vorbild errichtete Stabkirche ist einer der großen Anziehungspunkte von Hahnenklee. S. 88 1

Liebesbank am Bocksberg

GASTRONOMIE

Ratsstube Mit regionaler gehobener Küche überraschen die Ratsstuben in Hahnenklee manchen Besucher. S. 117 10

Madhus im Hotel Njord Gehobene, kreative und moderne skandinavische sowie internationale Küche führten 2016 zu einem Eintrag im Michelin Guide. S. 117 11

ÜBERNACHTEN

Hotels am Kranichsee 4-Sterne-Hotel, gehobenes Ambiente sowie etliche Sport- und Wellnessangebote. S. 128 6

Klosterhotel Wöltingerode Ein Hotel mit historischem Flair auf dem Gelände des Klosters. S. 129 10

KULTUR UND FREIZEIT

Sommerrodelbahn Hahnenklee Im Sommer lockt der Bocksberg mit seiner Rodelbahn; aber auch sonst gibt es hier viele Attraktionen. S. 137 31

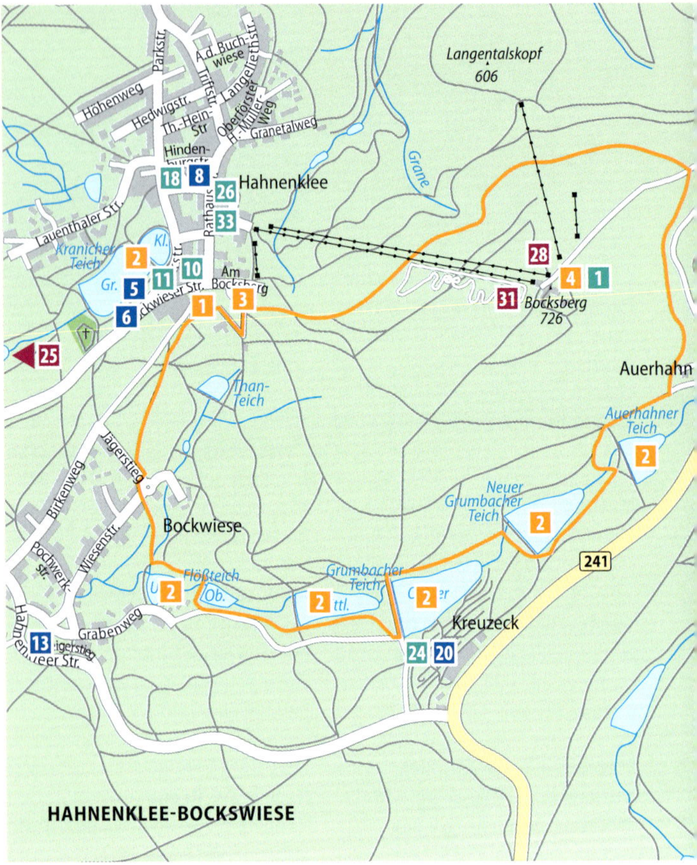

SEHENSWERTES

1 Gustav-Adolf-Stabkirche S. 88
2 Oberharzer Wasserwirtschaft S. 90
3 Liebesbankweg S. 90
4 Erlebnis Bocksberg S. 91
5 Eisenbahnmuseum Vienenburg S. 93
6 Kaisersaal S. 93
7 Heimatmuseum Vienenburg S. 94
8 Burgruine Vienenburg S. 94
9 Vienenburger See S. 95
10 Kloster Wöltingerode S. 95
11 Harlyturm S. 97

GASTRONOMIE

1 Bocksberghütte S. 115
4 Klosterkrug Wöltingerode S. 116
10 Ratsstube S. 117
11 Madhus im Hotel Njord S. 117
17 Bei Andreas S. 118
18 Café-Restaurant Steffens S. 119

22 Wan Bao S. 119
24 Café Egerland S. 120
26 Coffee Corner S. 120
27 Rosarium am See S. 120
33 Hexenkessel S. 121

ÜBERNACHTUNG

5 Hotel Njord S. 128
6 Hotels am Kranichsee S. 128
8 Hotel-Café Steffens S. 128
10 Klosterhotel Wöltingerode S. 129
11 Hotel Alte Zollstation S. 129
13 Jugendherberge Hahnenklee-Bockswiese S. 129
20 Campingplatz Kreuzeck S. 130

KULTUR UND FREIZEIT

23 Aquantic-Freibad Vienenburg S. 136
25 Waldseebad Kuttelbacher Teich S. 137
28 Bikepark Hahnenklee S. 137
31 Sommerrodelbahn Hahnenklee S. 137

HAHNENKLEE-BOCKSWIESE

TOP-TIPP

Der Stadtteil Hahnenklee-Bockswiese liegt rund 16 km südlich des Stadtkerns mitten im Harz und zählt rund 1.150 Einwohner. Er ist über die B 241 zu erreichen, von der am Kreuzeck die Kreisstraße nach Lautenthal mit Bockswiese abzweigt, während Hahnenklee an einer Stichstraße ohne Durchgangsverkehr liegt. Per Bus ist Hahnenklee-Bockswiese durch die Linie 830 gut mit der Kernstadt verknüpft. Die früheren Bergmannssiedlungen bildeten seit dem 18. Jh. bis zur Eingemeindung nach Goslar eine politische Gemeinde. Ab Ende des 19. Jh.s gewann der Fremdenverkehr an Bedeutung und hatte in den 1970er Jahren seinen Höhepunkt, der neben der Forstwirtschaft auch heute noch bedeutend ist. Im Sommer bietet Hahnenklee-Bockswiese ein reiches Betätigungsfeld auf markierten Wanderwegen. Spaziergänger können sich im Kurpark bei den Kranicher Teichen betätigen, und gut trainierte Wanderer schaffen es von Hahnenklee über Auerhahn und Schalke sogar nach Goslar (13 km mit 690 m Aufstieg und 985 m Abstieg). Dagegen kann man im Winter an mehreren Stellen Skier, Snowboards und Schlitten ausleihen. Locken tun ferner die 6 km lange Hahnenkleer Bergloipe, die 5 km lange Schulberg-Loipe und eine 800 m lange Übungsloipe für Langläufer, ein 2 km langer Schneeschuhwanderweg, eine Natureisfläche sowie etliche geräumte Winterwanderwege.

1 GUSTAV-ADOLF-STABKIRCHE S. 86

Hauptsehenswürdigkeit ist in Hahnenklee die am südöstlichen Ortsrand gelegene Stabkirche, die in den Jahren 1907/08 von einheimischen Handwerkern aus Fichtenholz erbaut wurde. Vermutlich diente die norwegische Stabkirche in Borgund als Vorbild, die der Architekt Karl Mohrmann aus Hannover zuvor dort gesehen hatte. Im Gegensatz zu norwegischen Stabkirchen ist die von Hahnenklee mit 350 Sitzplätzen erheblich größer und hatte von Anfang an Fenster, während die in Norwegen ursprünglich nur Dachluken besaßen. Die Grundkonstruktion der Kirche ist ohne Nägel und Schrauben errichtet worden. In der ersten Zeit konnte man den Altarraum mit beweglichen Wänden abtren-

Die Hahnenkleer Stabkirche

nen und diesen als Winterkirche benutzen. An der Decke der Kirche hängt ein Kronleuchter, der einem Schiffssteuerrad nachempfunden wurde. Die bleigefassten Fenster sind mit nordischen Symbolen geschmückt und an den Dachreitern sind Drachenköpfe befestigt. Das mehrstufige Dach erinnert an ein umgestürztes Wikingerschiff. Der Glockenturm dient als Aufgang zur Empore, ist fest mit dem Kirchenschiff verbunden und beherbergt ein Carillon, also ein großes Turmglockenspiel. Im Inneren befindet sich eine Orgel, die 1994 von der Firma Goll aus Luzern eingebaut wurde und zwei Vorgänger-Orgeln ersetzte. Regelmäßig finden hier auch kirchenmusikalische Veranstaltungen statt.

Professor-Mohrmann-Weg 1 (Hahnenklee) • Tel.: 05325 2378 (Pfarrbüro) • www.stabkirche.de • Mai–Okt. Mo.–Sa. 10.30–17 Uhr, So. 9.30–10.45/12–17 Uhr, Nov.–Apr. Mo.–Fr. 11–12.30/14–16 Uhr, Sa. 11–16 Uhr, So. 9.30–

PAUL LINCKE

Hahnenklee ist eng mit Paul Lincke verbunden, einem begnadeten Kapellmeister und Komponisten. Er verbrachte die letzten zwei Lebensmonate in Hahnenklee, wo auf dem Friedhof auch sein Grab zu finden ist. Auf dem Paul-Lincke-Platz im Zentrum steht ein Denkmal für ihn. 1955 wurde der Paul-Lincke-Ring als Musikpreis ins Leben gerufen und alle zwei Jahre an Musiker verliehen, die sich besondere Verdienste um die deutschsprachige Unterhaltungsmusik erworben haben. Außerdem gibt es einen Paul-Lincke-Treff (Oberförster-Hermann-Müller-Weg 6, Fr. ab 20 Uhr), eine innovative Kellerbar ganz im Stil von Paul Lincke und seiner Musik und versehen mit alten Erinnerungsstücken.

Teich zwischen Bockswiese und Auerhahn

10.45/12–16 Uhr, Vorführung des Turmglockenspiels (Carillon): Sa. 15 Uhr, Musik auf der Goll-Orgel: jeden 2. und 4. Sa. 17 Uhr, Orgel und Carillon zum Anfassen: Do. 11.15 Uhr, Gruppenführungen durch die Kirche nach Absprache mit dem Pfarrbüro

2 OBERHARZER WASSERWIRTSCHAFT S. 86

TOP-TIPP

In der Umgebung von Hahnenklee-Bockswiese liegen zahlreiche Kulturdenkmäler der Oberharzer Wasserwirtschaft, die seit 2010 als UNESCO-Weltkulturerbe anerkannt sind. Dabei handelt es sich um Teiche, Gräben und Stollen, die vom Mittelalter bis zum Beginn des 20. Jh.s von den Bergleuten zur Erzeugung von Wasserkraft durch Antrieb von Wasserrädern gebaut wurden. Um Hahnenklee-Bockswiese gehören dazu der zweigeteilte Kranicher Teich und der Kuttelbacher Teich, die vom 9 km langen Oberen Schalker Graben gespeist wurden, sowie östlich von Bockswiese sechs Teiche, namentlich der Untere und der Obere Flößteich, der Mittlere und der Obere Grumbacher Teich, der Auerhahn Teich und östlich der B 241 der Obere Kellerhalsteich.

www.unesco-welterbe-harz.de

3 LIEBESBANKWEG S. 86

Dieser Premium-Rund-Wanderweg ist 6,3 km lang, durch einen geringen Höhenunterschied leicht zu begehen und führt von der Stabkirche zunächst durch den Hang des Bocksberges, dann südlich zur ehemaligen Gaststätte Auerhahn an der B 241, dann südlich des Bocksbergs an verschiedenen Teichen der Oberharzer Wasserwirtschaft entlang bis nach Bockswiese und von dort zurück

Die Sommerrodelbahn am Bocksberg

nach Hahnenklee. Am Weg stehen 25 individuelle, hölzerne Liebesbänke, die besonderen Ereignissen des Liebes- und Ehelebens gewidmet sind, ferner fünf Ge(h)-Dicht-Steine. Am Oberen Flößteich gibt es zudem einen Wasserspielplatz für Kinder.

Startpunkte: Tor der Liebe (Haupteinstieg), Einstieg Auerhahn, Einstieg Bockswiese • www.liebesbankweg.de

4 ERLEBNIS BOCKSBERG

S. 86

ENTDECKER-TIPP

Mitten in Hahnenklee liegt die Talstation der Bocksberg-Bahn, die den 726 m hohen Hausberg erschließt und eine Kleinkabinenbahn sowie Sessellift umfasst. Auf dem Gipfel steht die Bocksberghütte, die zur Einkehr einlädt. Natürlich kann man ihn auf verschiedenen Wegen auch zu Fuß ersteigen! Im Sommer locken am Bocksberg eine an der Bergstation beginnende und endende 1.250 m lange Sommerrodelbahn und ein Bikepark mit sechs verschiedenen Mountainbike-Strecken, im Winter dagegen fünf Abfahrtspisten unterschiedlicher Schwierigkeit und eine beleuchtete Winterrodelbahn von 1.500 m Länge, teilweise mit Nachtrodeln. Außerdem gibt es für Kinder einen Spaßpark mit 8er Trampolin, ein Riesen-Luftkissen für Sprünge aus 9 m Höhe, einen Rutschenturm, Elektroautos usw. sowie eine Waldschule.

Rathausstraße 6 (Hahnenklee) • Tel.: 05325 2576 • www.erlebnisbocksberg.de • Betriebszeiten der Bergbahn: Ende März–Anfang Nov. Mo.–So. 9–18 Uhr, Mitte Dez.–Ende der Skisaison 9 Uhr bis Einbruch der Dunkelheit, bei Nachtbetrieb der Winterrodelbahn Sa. bis 21.30 Uhr

F

VIENENBURG

TOP-TIPP

Bereits 1306 erstmalig urkundlich erwähnt, bietet der heutige im Harzvorland gelegene Stadtteil Vienenburg eine Reihe an Attraktionen, für die man sich mindestens einen Tag Zeit nehmen sollte. Eine erste Harlyburg ließ Kaiser Otto IV. hier Anfang des 13. Jh.s errichten. Nach ihrer Zerstörung 1291 entstand um 1300 durch die Grafen von Wernigerode eine neue Burg, die seit 1803 Domäne ist. 1935 erhielt man sogar Stadtrechte. 1972 wurden fünf umliegende Dörfer eingemeindet. Seit 1913 erinnert die Vicco-von-Bülow-Oberschule in Vienenburg an den großen deutschen Humoristen Loriot, der sich in seiner Jugendzeit häufiger in Vienenburg aufhielt, da seine Stiefmutter von hier stammte. Ende 2013 hatte die Stadt 10.500 Einwohner, davon 5.500 in Vienenburg selbst. Zum 1. Januar 2014 wurde Vienenburg dann aber an Goslar angeschlossen.

◀ Freigelände des Vienenburger Eisenbahnmuseums

5 EISENBAHN-MUSEUM S. 87

Bereits 1840 wurde der unter Denkmalschutz stehende Bahnhof Vienenburg an der Strecke von Braunschweig nach Bad Harzburg eröffnet. Heute ist er ein regionaler Bahnknotenpunkt mit einem beliebten Café und dem Kaisersaal. Im angegliederten Eisenbahnmuseum erfahren Sie viel über die Erste Deutsche Staatseisenbahn und die deutsche Geschichte der Eisenbahn. Im Museum finden Sie eine Modelleisenbahn mit dem Vienenburger Bahnhof im Zustand der 1960er Jahre, Bahnschranken, Signale, technische Geräte usw. Im Außenbereich stehen zahlreiche alte Wagen und Lokomotiven, die das Herz der Eisenbahnfreunde höherschlagen lassen. Der Museumsverein führt auch regelmäßig Sonderfahrten mit historischen Zügen durch.

Bahnhofstraße 8 (im Bahnhof Vienenburg) • www.eisenbahnmuseum-vienenburg.de und www.ebm-vienenburg.de • Do.–So. 15–17 Uhr, das Außengelände ist frei zugänglich

6 KAISERSAAL S. 87

Zum Bahnhof Vienenburg gehört aber auch der freistehende Kaiser-

Außenmauer der Burgruine

saal, der 1869 erbaut wurde und als Wartehalle diente. Am 15. August 1875 machte Kaiser Wilhelm I. Station in Vienenburg. Seither wird der Warteraum „Kaisersaal" genannt. Er steht heute für Sitzungen, Seminare, Veranstaltungen, Familienfeiern zur Verfügung und wird u. a. auch für Veranstaltungen der Kulturgemeinschaft Vienenburg genutzt.

7 HEIMATMUSEUM VIENENBURG S. 87

Das interessante Heimatmuseum verteilt sich auf zwei Geschosse mit rund 100 qm Fläche. In der unteren Etage können Sie sich z. B. eine Backstube mit Verkaufsraum, eine Stellmacherei, einen Tante-Emma-Laden und ein altes Vienenburger Kino ansehen. Unterschiedliche Stellwände ermöglichen kleine Ausstellungen für Exponate sowie Fotos aus den Bereichen Handel, Handwerk und Gewerbe. Dazu gehören u. a. diverse Küchengeräte, eine Milchhandlung, eine Schusterei und eine Zuckerfabrik. Im oberen Geschoss stehen sechs Vitrinen für jedermann zur Verfügung, sodass hier private Kostbarkeiten ausgestellt werden können.

Schulstraße 24 a (Vienenburg) • Tel.: 05324 773707, jeder 2. So. im Monat 14–17 Uhr oder nach Vereinbarung mit Herbert Müller, Tel.: 05324 2529

8 BURGRUINE VIENENBURG S. 87

Auf einem 165 m hohen Hügel liegt die um 1300 aus Steinen der zerstörten Harliburg erbaute „Borch op de Fiene". In der Folge wechselte sie mehrfach den Besitzer, 1803 erfolgte die Umwandlung in eine preußische Domäne. Während der Zugehörigkeit zu Preußen verfiel die Burg jedoch,

Bootssteg vom Vienenburger See

sodass man aus den Steinen Gutshofgebäude errichtete. Seit 1963 in Privatbesitz, findet man heute hier restaurierte Wohnungen und auch ein Burgcafé (So. 14–18 Uhr). Erhalten sind Reste des Bergfrieds und des ehemaligen Palas. Im Mittelpunkt der Anlage steht aber der etwa 30 m hohe Burgturm, der einen grandiosen Blick über Vienenburg und das Harzvorland bietet. Auf der Burg finden regelmäßig Veranstaltungen statt.

Burgweg 2 (Vienenburg)

9 VIENENBURGER SEE S. 87

Nordwestlich vom Bahnhof liegt der Vienenburger See, eine frühere Kiesgrube, der im Norden bis zur Okeraue am Fuß des Harlybergs reicht. Von Wiesen und Wald umgeben, hat der See eine Ausdehnung von etwa 800 m Länge sowie 250 m Breite und kann zu Fuß oder per Rad umrundet werden. Am Südufer liegt das Rosarium am See (S. 120), ein Café mit Bootsverleih, und am Steinweg südlich vom See das Freibad (S. 136). Am westlichen Seeufer gibt es zudem einen beliebten wie eine Festung gestalteten Abenteuer-Spielplatz. Auch bei Anglern ist der See beliebt.

www.seen.de/vienenburger-see

10 KLOSTER WÖLTINGERODE S. 87

Westlich des Vienenburger Sees liegt das ehemalige Kloster, das heute eine vielfältige Erlebnisstätte ist. 1174 als Benediktinerkloster gegründet, wurde es schon 1188 in ein Kloster für Zisterzienserinnen umgewandelt. In dieser Zeit wurde der Grundstein für die heutige Größe gelegt. Die Kirche wurde 1208 erstmals erwähnt, 1279 das Siechenhaus und 1293 das neue Schlafhaus. Es erlebte zwei

Altes Klostergebäude von Wöltingerode

Blütezeiten, die erste im 13. Jh., eine zweite im 15. Jh. Während der Reformation bis zum Ende des Dreißigjährigen Krieges erfolgte ein mehrfacher Wechsel der Konfessionszugehörigkeit. Von 1643 bis 1803 war das Kloster dann durchgehend katholisch. Ein verheerendes Feuer wütete im Mai 1676. Der danach beginnende langjährige Wiederaufbau war mit zahlreichen Erweiterungen und Veränderungen verbunden. Neu entstand 1682 eine Kornbrennerei. 1802 kam das Kloster an Preußen, 1807 an das Königreich Westphalen, 1809 wurde das Nonnenkloster per Dekret aufgelöst, gehörte kurzzeitig einem Israeliten und wurde dann 1818 in den Allgemeinen Hannoverschen Klosterfond überführt. Ab 1830 saß hier das Amt Wölteringerode, das zusammen mit drei anderen Verwaltungen später zum Landkreis Goslar vereinigt wurde. Von 1918 bis 1993 existierte hier zudem eine Landfrauenschule, 1976 wurde das Kloster saniert.

Das Klostergelände können Sie auf eigene Faust erkunden. Vom südlichen Parkplatz startet ein 1,5 km langer Erlebnisweg mit verschiedenen Stationen. Ausgangspunkt ist der Klosterkrug mit Biergarten und Kinderspielplatz (S. 116). Stationen sind das Klosterhotel (S. 129), das auch den ehemaligen Kreuzgang nutzt, auf dem Klosterhof dann in einem alten Mühlengebäude das Lachs-Info-Center (Di.–So. 11–17 Uhr) mit einer Ausstellung über den Lachs in der Oker) und andere einheimische Fischarten sowie nördlich davon die Klosterdarre mit einem Hofladen. Nördlich der Hofzufahrt liegt die Klosterbrennerei mit einer historischen Dampfmaschine, die seit 1682 besteht. Hier liegt auch die Klostergutsbrauerei. Dort hatte man zunächst bis 1803 Bier gebraut, dann wieder ab 2004 mit der Produktion des naturtrüben Wölti-Bräus in der Altenauer Brauerei, die seit 2012 Teil der Klostergutsbrauerei ist. 1999 gelang auch der Eintrag ins Guinness-Buch der Rekorde, nämlich mit der größten Lokalrunde der Welt und 3.840 Besuchern, die sich mit einem „Wölti" zuprosteten. Der Rundweg führt dann außen an der Kirche mit Krypta entlang, wo sich ein weiterer Hofladen befindet. Die ehemalige Klosterkirche, eine romanische Basilika, stammt größtenteils vom Ende des 12. Jh.s, der zweite Chorquadrant allerdings aus dem 18. Jh. Dieser besteht aus zwei Teilen, nur der östliche Teil dient heute noch als Kirche; der westliche Teil mit einer Unterkirche und der gotischen Oberkirche mit der Nonnenempore wurden 1979 zum Konzertsaal umgebaut. Daran schließt sich der barocke Westturm an. Die Innenausstattung stammt aus der Zeit um 1700. Vom Kirchturm können Sie geradeaus einen Abstecher zum Künstlerhaus machen, in dem Künstler zeitweise ihre Werke ausstellen oder das auch für Kunsthandwerkermärkte genutzt wird. Vom Kirchturm dagegen südwärts zum Bienenhaus mit Imkerei, in dem Imker alles über die Bienenvölker verraten. An der Südostecke des Gebäudekomplexes liegt dann der Kräutergarten, wo Sie viel über Heilpflanzen erfahren. Letzte Stationen sind das Damwild-Gehege und am Parkplatz noch die Klosterbäckerei sowie die Fischräucherei.

Wöltingerode 1 (Vienenburg) • Tel.: 05324 5880 • www.woeltingerode.de • Klosterbrennerei-Führungen für Einzelgäste: Do. 15.30 Uhr, Sa./So. 14 Uhr, ca. 1 Std., für Gruppen nach Voranmeldung, Hofläden: Mo.–Fr. 10–18 Uhr, Sa./So. 11–17 Uhr, teils im Wechsel, Klosterbäckerei: Sa./So. 11–17 Uhr (Jan und Feb geschl.)

11 HARLYTURM S. 87

Nördlich von Vienenburg erstreckt sich der 256 m hohe Harlyberg mit Aussichtsturm. Der bewaldete Bergzug ist ein beliebtes Ausflugsziel. Der Harlyturm wurde nach jahrzehntelangem Verfall wieder restauriert. Es gibt eine verglaste und eine offene Plattform mit Blick zum nördlich liegenden Elm und dem Harz im Süden. Bewirtschaftet ist der Turm sonn- und feiertags, wenn die Fahne weht (10–17 Uhr).

Ein Rundweg führt vom Bahnhof in die Grünanlagen um den Vienenburger See: vor dem See rechts zu den Parkplätzen an der Straße Schacht I, auf dieser links, dann in der Siedlung rechts in ein Seitental und im Wald aufwärts zum Bergrücken, dann auf dem Fahrweg bis zum Harlyturm. Wieder ein Stück zurück, dann absteigend zur L 510, auf dieser links zum Kloster Wölteringerode, das per Abstecher besucht werden kann. Jedoch links von der Autostraße ab (auch vom Eingang des Klosters möglich) und auf dem Hercyniaweg zurück zur Siedlung Schacht I bzw. zum Bahnhof.

AUSFLÜGE IN DIE UMGEBUNG

Die Stadt Goslar liegt verkehrsgünstig am Nordrand des Harzes. Wer als Besucher hier mehrere Tage verbringt, der sollte die Gelegenheit nutzen, auch das weitere Umland zu erkunden. Dazu gehören die Harzrandstädte Bad Harzburg und Wernigerode ebenso wie die Berg- und Universitätsstadt Clausthal-Zellerfeld, die Höhensiedlung Torfhaus im Nationalpark Harz mit der Möglichkeit der Besteigung vom 1.141 m hohen Brocken als höchster Gipfel des Harzes oder auch die Fahrt mit der dampflockbetriebenen Brockenbahn. Einen Besuch lohnen aber auch beispielsweise Wolfenbüttel oder Bad Gandersheim mit seinem Dom.

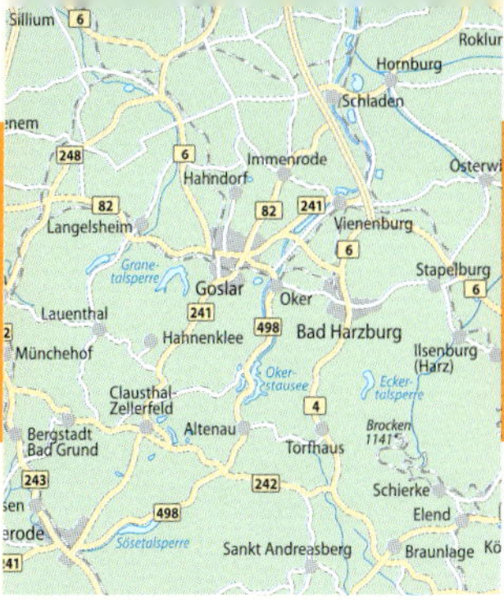

siehe große Karte S. 100/101

SEHENSWERTES

Bad Harzburg Der mittels Seilbahn oder zu Fuß ersteigbare Burgberg ist nicht nur historisch interessant, sondern bietet weite Aussichten. Die Kurstadt wartet zudem mit einem Wellness-Tempel auf, der Sole-Therme Bad Harzburg. S. 105 3

Clausthal-Zellerfeld Das Bergbaumuseum in der Universitätsstadt ist Teil des Weltkulturerbes Oberharzer Wasserwirtschaft. S. 107 5

Wernigerode In der Altstadt liegen dichtgedrängt Fachwerkhäuser beieinander, schon zu DDR-Zeiten galt die Stadt als Vorzeigeobjekt. Hier startet auch die dampflokbetriebene Harzer Schmalspurbahn auf den Brocken. S. 104 2

Wolfenbüttel In der ehemaligen Welfenresidenz erwartet die Besucher das zweitgrößte Schloss Niedersachsens mit Prunkgemächern aus dem 18. Jh. S. 102 1

Torfhaus Die Höhensiedlung im Nationalpark Harz ist mit rund 800 m Höhe die höchstgelegene Siedlung Niedersachsens. Das Informationszentrum informiert über den Nationalpark Harz und gibt Anregungen für eigene Unternehmungen. S. 106 4

Bad Gandersheim Durch die Domfestspiele ist das Heilbad mit etlichen Fachwerkhäusern aus früheren Jahrhunderten auch überregional bekannt. Das vielfältige Programm lockt Besucher von weither an. S. 108 6

Die Marktkirche in Clausthal

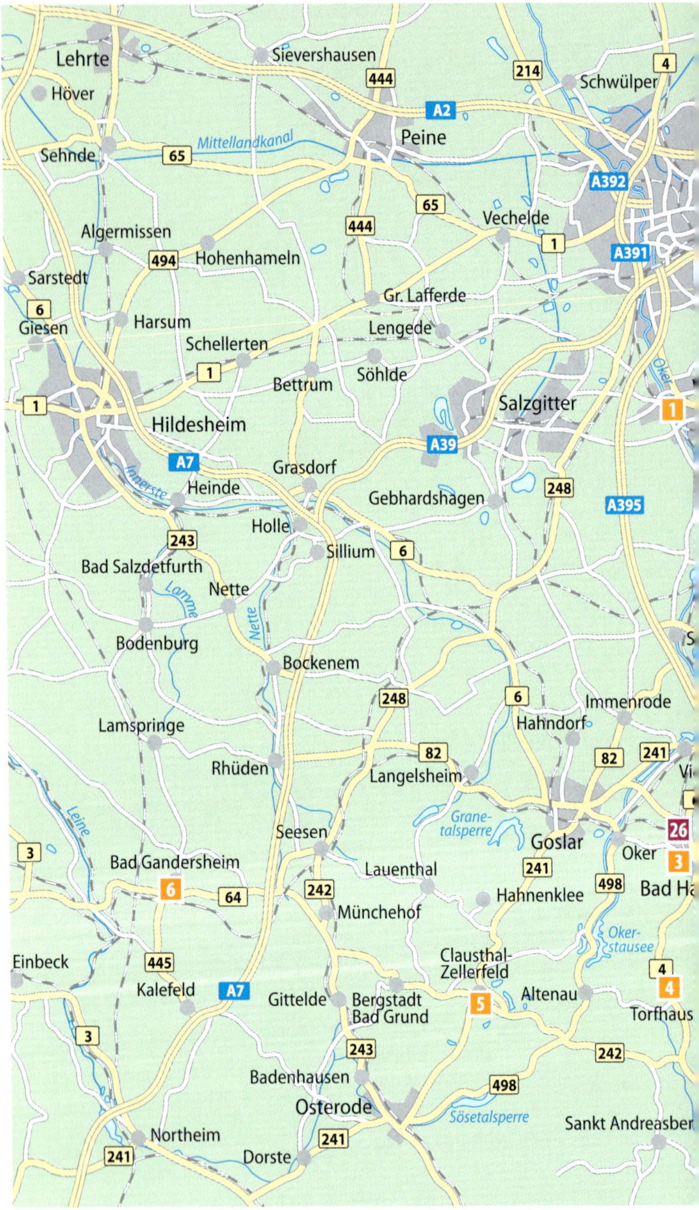
Lehrte
Höver
Sievershausen
444
214
Schwülper
4
A2
Peine
Mittellandkanal
Sehnde
65
A392
65
Vechelde
444
Algermissen
494
Hohenhameln
1
A391
Sarstedt
Gr. Lafferde
6
Giesen
Harsum
Lengede
Schellerten
Söhlde
1
Bettrum
Oker
1
Salzgitter
Hildesheim
A39
A7
Grasdorf
Innerste
Heinde
Gebhardshagen
248
A395
Holle
243
Sillium
6
Bad Salzdetfurth
Lamme
Nette
Nette
Bodenburg
Bockenem
248
6
Immenrode
Lamspringe
Hahndorf
82
82
241
Rhüden
Langelsheim
Granetalsperre
Leine
Seesen
Goslar
26
3
Bad Gandersheim
241
Oker
3
6
64
242
Lauenthal
498
Hahnenklee
Bad Ha
Münchehof
Oker-stausee
Einbeck
445
Clausthal-Zellerfeld
4
Kalefeld
A7
Gittelde
Bergstadt Bad Grund
5
Altenau
4
Torfhaus
3
243
242
Badenhausen
498
Osterode
Sösetalsperre
Sankt Andreasber
Northeim
241
241
Dorste

SEHENSWERTES

1 Wolfenbüttel S. 102
2 Wernigerode S. 104
3 Bad Harzburg S. 105
4 Torfhaus S. 106
5 Clausthal-Zellerfeld S. 107
6 Bad Gandersheim S. 108

FREIZEIT UND KULTUR

26 Harzer Gleitschirmschule Bad Harzburg S. 137

1 WOLFENBÜTTEL S. 101

Die ehemalige Welfenresidenz und heutige Kreisstadt an der Oker wurde vermutlich im 10. Jh. gegründet, zählt heute rund 53.000 Einwohner, ist Sitz der Evangelisch-Lutherischen Landeskirche Braunschweig und Fachholschulstandort. Den Besucher erwartet eine Altstadt mit über 600 Fachwerkhäusern, bedeutenden Kirchen, dem repräsentativen Schlossbezirk, der weltberühmten Herzog August Bibliothek und dem Lessinghaus. Aus Wolfenbüttel stammt auch der berühmte Kräuterlikör Jägermeister.

Der Schlossbezirk und die historische Altstadt liegen unweit vom Bahnhof, sodass man die Sehenswürdigkeiten gut zu Fuß erreichen kann. Auf der Südseite vom Schlossplatz, ehemals Exerzierplatz, liegt das frühere Herzogliche Schloss, das zweitgrößte Niedersachsens überhaupt. Aus einer Wasserburg hervorgegangen, wurde es mehrfach zerstört und wiederaufgebaut und ist deswegen von mehreren Epochen und Baumeistern geprägt. Im Inneren befindet sich ein Museum mit Repräsentationsräumen zwischen 1690 und 1740 sowie Prunkgemächern des höfischen Lebens vom Anfang des 18. Jh.s.

Nördlich gegenüber vom Schloss liegt das spätbarocke Lessinghaus, in dem Gotthold Ephraim Lessing für einige Jahre wohnte und arbeitete. Heute erinnert das hier befindliche Literaturmuseum an einen der größten deutschen Dichter. Das Gebäude der benachbarten Herzog August Bibliothek wurde 1883 bis 1887 im Stil eines florentinischen Palazzos errichtet und beherbergt eine moderne Forschungsbibliothek von internationalem Rang. Hauptanziehungspunkt ist das Evangeliar Heinrichs des Löwen. Das östlich benachbarte Zeughaus diente einst als Waffenarsenal sowie Kornspeicher und wird heute ebenfalls von der Bibliothek genutzt.

Im Rahmen einer früheren Stadtsanierung ist es gelungen, große Teile der Altstadt denkmalgerecht zu sanieren, darunter die vielen kleinen Fachwerkhäuser in der Krummen Straße. Zwei Kirchen dominieren die Innenstadt, die Marienkirche und die Trinitatiskirche. In der ehemaligen herzoglichen Kanzlei (Kanzleistraße 3), einem der schönsten Renaissancebauten der Stadt, befindet sich heute die ur- und frühgeschichtliche Abteilung des Braunschweiger Landesmuseums. Als Klein-Venedig bezeichnet man ein Areal an der Oker im Norden der Altstadt, Überreste eines einst ausgedehnten Grachtensystems.

Tourist Information • Stadtmarkt 7 a • Tel.: 05331 86280 • www.lessingstadt-wolfenbuettel.de • Anreise: mit dem Pkw über die B 6 und A 395, 38 km, stündlich mit dem Erixx von Goslar nach Wolfenbüttel

► Innenhof vom Schloss Wolfenbüttel

Blick zum Schloss Wernigerode

2 WERNIGERODE S. 101

Wernigerode am Nordharz wurde urkundlich erstmals 1121 erwähnt, erhielt schon 1229 Stadtrechte und zählt heute rund 39.000 Einwohner. Den Beinamen „Bunte Stadt am Harz" erhielt sie durch einen schwärmerischen Reisebericht von Hermann Löns. Schon zu DDR-Zeiten eine Vorzeigestadt, spielt der Tourismus hier bereits ganz lange eine bedeutende Rolle.

Über der Stadt thront das neugotische Schloss Wernigerode, ursprünglich eine Burg, die im 16. Jh. zu einer Renaissancefestung umgebaut wurde. Im Dreißigjährigen Krieg dann zerstört, begann im späten 17. Jh. der Wiederaufbau zu einem romantischen Residenzschloss. Seit 1930 ist es in Teilen der Öffentlichkeit zugänglich und zeigt u.a. original eingerichtete Wohnräume des deutschen Hochadels. Ein „Muss" ist natürlich der Altstadtkern mit seinen unzähligen Fachwerkhäusern. Besonders anziehend ist der Marktplatz mit Rathaus, Wohltäterbrunnen und seinem Fachwerkensemble. Unter den vielen sehenswerten Fachwerkgebäuden muss das Krummelsche Haus (Breite Straße 72) von 1674 erwähnt werden, dessen Front mit einer lückenlosen geschnitzten Holzfassade bedeckt ist. Weitere interessante Häuser sind u. a. das Gadenstedtsche Haus von 1582 (Oberpfarrkirchhof 32), das Älteste Haus (Hinterstraße 48) und das Schiefe Haus von 1680 (Klintgasse 5). Sehenswert sind auch die Reste der Stadtmauer mit ihren Türmen und dem erhaltenen 38 m hohen Westerntor.

Das Harzmuseum (Klint 10) ist ein Museum für Wernigerode und den Harz, das Flugzeugmuseum (Gießerweg 1) zeigt über 50 Flugobjekte

Der Jungbrunnen im Stadtzentrum von Bad Harzburg

und über 1.000 Exponate. Im Bürgerpark gibt es im Miniaturenpark „Kleiner Harz" das Gebirge im Kleinformat. Im Stadtteil Hasseröde, bekannt für seine Brauerei, lockt der Hasseröder Ferienpark (www.hasseroeder-ferienpark.de) mit Erlebnisbad, Wellness- und Saunalandschaft, Bowling- und Kegelzentrum sowie Indoor-Spielwelt.
Geübte Wanderer müssen eine gute Kondition haben, um von hier den 1.141 m hohen Brocken als höchste Erhebung des Harzes zu besteigen. Aber Wernigerode ist ja auch Ausgangspunkt der Harzer Schmalspurbahnen (www.hsb-wr.de) , die mit dampflokbetriebenen Zügen bequemer auf den Brocken hinauffahren.

Tourist-Information • Marktplatz 10 • Tel.: 03943 55378 35 • www.wernigerode-tourismus.de • Anreise: mit dem Pkw auf der B6, 33 km, mit dem Zug stündlich (HEX 4)

3 BAD HARZBURG S. 101

Das anerkannte Sole-Heilbad liegt östlich von Goslar am Nordrand des Harzes und zählt heute rund 21.500 Einwohner. Vom Bahnhof im Norden bis zum Kurbereich im Süden zieht sich die Herzog-Wilhelm-Straße. Im südlichen Teil Fußgängerzone, reihen sich an ihr unzählige Geschäfte, Restaurants und Cafés. Teilweise verläuft sie neben der Radau und ist durch grün gestaltete Plätze aufgelockert.
An einer Kreuzung in der Stadtmitte liegt der sehenswerte Jungbrunnen. Auch die alte Wandelhalle von 1898 (Rudolf-Huch-Straße 21) ist einen Besuch wert, ebenso die Lutherkirche (Lutherstraße 7) mit einer Sauer-Orgel. Im Süden schließt sich der Kurpark an, wo auch die Sole-Therme (Nordhäuser Straße 2) liegt mit einem Innenbecken (32° C), zwei

Außenbecken, Sauna-Erlebniswelt und vielen weiteren Angeboten. Mit dem Badepark, Schlosspark und Stadtpark verfügt Bad Harzburg über weitere „grüne Lungen". Ein lohnendes Ausflugsziel sind der Große und Kleine Burgberg, die zu Fuß erreicht werden können, viel bequemer aber mit der Burgberg-Seilbahn, die ihre Talstation am Rande des Kurparks hat (Nordhäuser Straße 2 c). Auf dem großen Burgberg (483 m) finden sich die Reste der alten Harzburg (erbaut 1065–68), die Canossasäule und das Kreuz des deutschen Ostens. Von einigen Stellen hat man eine schöne Aussicht in Richtung Brocken, aber einfach fantastisch ist der Ausblick von der Canossasäule auf das Harzvorland und den nördlichen Harzrand selbst.

Unweit der Talstation der Burgberg-Seilbahn liegen östlich der B4 der für Kleinkinder interessante Märchenwald (Nordhäuser Straße 1 a) mit Szenen aus den bekannten Märchen der Gebrüder Grimm, für Jung und Alt dagegen der Baumwipfelpfad (Nordhäuser Straße 2 d), ein Wanderweg zwischen den Baumkronen. In der Nähe der beiden Attraktionen liegt auch der Skyrope-Hochseilpark mit einem Erlebnisparcours in luftiger Höhe.

Im Norden von Bad Harzburg liegt schließlich der Freizeitpark Krodoland (Fasanenstraße 21), ein Erlebnis für die ganze Familie mit einer Spielscheune und großem Außengelände mit der Möglichkeit zu unterschiedlichen Golfspielarten, u.a. Swin-Golf oder Fußball-Golf usw.

In der Umgebung locken zahlreiche Ausflugsgaststätten, der künstliche Radau-Wasserfall, und gut trainierte Wanderer schaffen es auch bis zum Brocken (13 km, 880 m Anstieg!).

Tourist-Information • Nordhäuser Straße 4 • Tel.: 05322 75330 • www.bad-harzburg.de • Anreise: mit dem Pkw 12–14 km westlich, über die B6/B4 (länger aber schneller) oder die B498/L501, mit den Zügen von Erixx und DB Regio 2 x pro Stunde

4 TORFHAUS S. 101

Die Höhensiedlung Torfhaus im Nationalpark Harz liegt auf rund 800 m Höhe im Oberharz und ist damit die höchstgelegene Siedlung Niedersachsens. Sie besteht aus Ausflugslokalen, Hotel, Hütten, Wander- und Jugendheimen, einem Outdoor-Geschäft, Ski- und Rodelverleihen, Parkplätzen und dem Nationalpark-Besucherzentrum. Nordwestlich liegen die Lerchenköpfe mit zwei weithin sichtbaren Sendeanlagen.

Bereits 1842 wurde Torfhaus eine Station an der Postlinie Bad Harzburg–Braunlage–Sankt Andreasberg. Im Sommer idealer Ausgangspunkt für Wanderungen und für Mountainbiker, zieht Torfhaus im Winter Wintersportbegeisterte aller Art an. Hier kommen Abfahrtsläufer wie Langläufer, Snowboarder und Rodler gleichermaßen auf ihre Kosten.

Auf dem Weg zum Brocken

Wer sich mehr für den Harz und den Nationalpark interessiert, der ist im Nationalpark-Besucherzentrum richtig, denn die moderne Ausstellung vermittelt viele Eindrücke. Nationalpark-Ranger bieten auch interessante Führungen an.

Der von hier oftmals zum Greifen nahe Brocken hat die Besucher von jeher angezogen. Seit der deutschen Wiedervereinigung ist er auch auf verschiedenen Wegen, darunter dem Goetheweg, bequem von Torfhaus aus zu besteigen. Dieser Weg geht auf 1891 zurück, zu Zeiten Goethes bestand er tatsächlich noch nicht, und Goethe war auch nicht der erste Brockenbesteiger im Winter, wie es oft heißt. Je Route ist der Weg 8 bis 9 km lang. Da man zunächst in den Abbegraben absteigt, sind es insgesamt 500 Höhenmeter Aufstieg, die zu bewältigen sind.

Nationalpark-Besucherzentrum Torfhaus • Torfhaus 8 • Tel.: 05320 331790 • www.torfhaus.info • Anreise: mit dem Pkw über die B6 und B4 (24 km), alternativ mit dem Zug nach Bad Harzburg (DB Regio und Erixx), dann Buslinie 820

5 CLAUSTHAL-ZELLERFELD S. 101

Die Berg- und Universitätsstadt Clausthal-Zellerfeld mit fast 16.000 Einwohnern liegt auf der Oberharzer Hochebene, besteht aus den Stadtteilen Clausthal im Süden und Zellerfeld im Norden sowie einigen anderen Orten im Oberharz. An den einst bedeutenden Bergbau erinnern heute das Oberharzer Bergwerksmuseum, die Technische Universität, ursprünglich eine Ausbildungsstätte für Bergleute, inzwischen aber mit einem breiteren Studienangebot überwiegend technischer Natur, sowie das Landesamt für Bergbau, Energie und Geologie.

Zu den Sehenswürdigkeiten im Stadtteil Clausthal zählt die Marktkirche von 1642, die als größte Holzkirche Europas gilt. Gegenüber befindet sich das erwähnte Landesamt für Bergbau, Energie und Geologie, und an der nordwärts ziehenden Adolph-Roemer-Straße liegen die meisten Einzelhandelsgeschäfte. Als Außenstellen des Bergwerkmuseums in Zellerfeld liegen in Clausthal der Ottiliae-Schacht mit dem eisernen Fördergerüst von 1876, der Radstube Thurm Rosenhof sowie einer Tagesförderbahn, ferner der Kaiser-Wilhelm-Schacht. Im Hauptgebäude der TU (Adolph-Roemer-Straße 2a) befindet sich zudem eine Geosammlung. Außerdem ist Clausthal Geburtsort von Robert Koch, sein Geburtshaus steht in der Osteröder Straße 13.

Touristisch geprägter ist der Stadtteil Zellerfeld. Dort befindet sich das Oberharzer Bergwerksmuseum (Bornhardtstraße 16) mit einem Schaubergwerk, bereits 1892 gegründet und mit einer umfassenden Ausstellung zum Oberharzer Bergbau und zur Geschichte. Das gesamte Museum mit seinen Außenstellen ist Teil des Weltkulturerbes Oberharzer Wasserwirtschaft. Gern besucht wird auch der Kunsthandwerkerhof mit einer Glashütte (Bornhardtstraße 11), wo man viel über das alte Kunsthandwerk des Glasmachens erfährt. Sehenswert sind weiterhin u.a. die St.-Salvatoris-Kirche von 1683 mit einem Orgelprospekt von Arp Schnitger und Flügelaltarbild des Malers Werner Tübke, die Berg-Apotheke mit Fratzen (Bornhardtstraße 12) und das Dietzel-Haus von 1674 mit Sitz der Tourist-Information.

Tourist-Information • Bergstraße 31 • Tel.: 05323 81024 • www.oberharz.de • Anreise: mit dem Pkw über die B 241 nach Zellerfeld 18 km, nach Clausthal 20 km, alternativ mit der Buslinie 830

6 BAD GANDERSHEIM S. 101

Durch die Gandersheimer Domfestspiele (www.domfestspiele-gandersheim.de) ist das Heilbad mit etlichen Fachwerkhäusern aus früheren Jahrhunderten auch überregional bekannt. Das vielfältige Programm im Angesicht des romanischen Doms richtet sich an alle Altersgruppe und reicht vom Kinderstück bis hin zum Schauspiel. Neben den im Sommer stattfindenden Domfestspielen werden auch die Gandersheimer Dommusiken gern besucht, über 30 hochkarätige Konzerte, die sich über das Jahr verteilen. Die fast 10.000 Einwohner zählende Kleinstadt liegt ansonsten idyllisch im Tal der Gande und wird von waldreichen Erhebungen des Vorharzes umgeben. Daneben sind Bergkurpark und Seekurpark einen Besuch wert.

Hauptsehenswürdigkeit ist die im Zentrum gelegene Stiftskirche (Stiftsfreiheit 12), eine romanische Basilika mit Baubeginn 856 und

Fachwerkensemble am Markt in Bad Gandersehim

erster Weihe im Jahr 881. Der heutige Bau stammt jedoch vorwiegend aus der Mitte des 12. Jh.s., die gotischen Seitenkapellen aus dem 14./15. Jh. Fälschlicherweise wird die Stiftskirche auch Dom genannt und war namensgebend für die Festspiele. Der Stiftskirche im Osten benachbart ist die Abtei (Stiftsfreiheit 3), nach dem Stadtbrand von 1597 im Stil der Weserrenaissance neu aufgebaut und mit einem Barockflügel von 1726–32, in dem sich der Kaisersaal befindet. Vor dem Abteigebäude stehen ein Roswitha-Gedenkstein von 1962 und ein Roswitha-Brunnen von 1978 und sollen an eine der bedeutendsten deutschen Dichterinnen, Roswitha von Gandersheim, erinnern, die im Stift als Kanonisse lebte. Westlich der Stiftskirche liegt das Historische Rathaus (Markt 3) mit Stadtmuseum. Es entstand nach dem Stadtbrand aus der Moritzkirche und dem vorherigen Rathaus im Stil der Weserrenaissance. Der Kirchturm wurde als Wächterstübchen ausgebaut. Auf der Nordseite vom Markt liegt schließlich ein eindrucksvolles Fachwerkensemble mit dem Haus Bracken von 1473, das reiches Schnitzwerk ziert (Nr. 8), und dem benachbarten Fachwerkhaus von 1552 (Nr. 9). An der Westseite vom Markt liegt ein weiterer sehenswerter Fachwerkkomplex mit den Häusern Nr. 1, 1778 durch Vereinigung von zwei Häusern entstanden, Nr. 2 von 1581, lange im Besitz der Drechslerfamilie Pinne, und das Eckhaus Nr. 3, wie das Nachbarhaus reich verziert und aus dem gleichen Baujahr.

Tourist-Information • Stiftsfreiheit 12 • Tel.: 05382 73700 • www.bad-gandersheim.de • Anreise: mit dem Pkw über die B82, A7, B243 und B64 (43 km) oder mit dem Zug (DB Regio)

KLEINE STADTGESCHICHTE

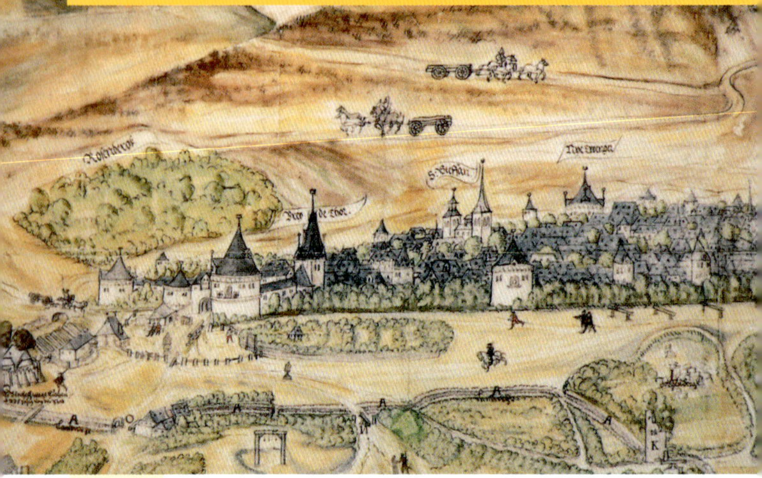

10./11. Jh. 922 wird eine erste Siedlung mit dem Namen „vicus Goslariae" gegründet, 968 entsteht mit dem Beginn des Bergbaus zusätzlich ein Bergdorf am Rammelsberg. Ab 1005 lässt Heinrich II. erste Bauten der Kaiserpfalz errichten. Von 1009 bis 1019 finden erste Hoftage und Reichssynoden in Goslar statt. 1025 beginnt der Neubau der heutigen Kaiserpfalz. 1050 wird die Stiftskirche St. Simon und Judas, auch Dom genannt, fertiggestellt. Heinrich III. entwickelt seine Lieblingspfalz zum Reichszentrum. 1056 kommt er bei einem Jagdunfall ums Leben. Sein Leichnam wird nach Speyer überführt, das Herz bleibt dagegen in Goslar. Sein minderjähriger Sohn und Nachfolger erlebt 1063 einen sogenannten Rangstreit in der Stiftskirche, der mit einem Blutbad endet.

12. Jh. Ein Brand zerstört 1136 ein Drittel der Stadt. Dennoch entwickelt sich Goslar zu einer wichtigen Stadt mit Befestigung, neun Kirchen und etwa 5.000 Einwohnern. Die Wirtschaft basiert auf Bergbau, Hüttenwesen, Metallhandel und einer Münzprägestätte. Ab 1180 und in der Folgezeit gibt es immer wieder kriegerische Auseinandersetzungen mit dem Herzogtum Braunschweig-Wolfenbüttel.

13. Jh. Kaiser Friedrich II. veranstaltet 1219 letztmalig einen Reichstag in Goslar und erteilt ein Stadtrechtsprivileg. 1253 besucht Wilhelm von Holland als letzter König die Goslarer Pfalz. 1260 sichert der Hildesheimer Bischof der Sankt-Johannis-Bruderschaft, die arme und schwache Bergleute unterstützt, seinen Schutz zu. Sie gilt als Ursprung einer Sozialversicherung. 1267 tritt Goslar dem Städte- und Kaufmannsbund bei, der später in die Hanse aufgeht, nutzt diese aber wenig, bleibt dem Bündnis jedoch bis 1566 treu.1290/93 gelingt es dem Rat, die wichtigsten Vogteirechte übertragen zu bekommen. Goslar wird freie Reichsstadt.

14./15. Jh. 1340 verleiht Ludwig IV. Goslar das Heerschildrecht und damit das passive Lehensrecht. 1348, 1376 und 1377 wüten schlimme Pestepidemien. Ein Holzröhrensystem dient als Wasserleitungsnetz für alle Haushalte. 1356 erwirbt Goslar die Rechte am Rammelsberg pfandweise und mit Rückkaufsrecht vom Herzogtum Braunschweig-Wolfenbüttel. Um 1450 gelingt es nach vielen Versuchen, die Gruben trockenzulegen. Danach steigt die zuletzt geringe Erzförderung rapide an. Die nun erzielten Gewinne spiegeln sich in den zahlreichen Prachtbauten in der Stadt nieder.

16. Jh. Im Zeitraum 1525–1527 wird in Goslar die Reformation eingeführt, der Braunschweiger Herzog zahlt die Pfandsumme für den Rammelsberg an Goslar zurück und nimmt diesen wieder für sich in Besitz; jahrzehntelange Auseinandersetzungen folgen. 1530–1657 finden etliche Hexenprozesse statt. 1552 muss Goslar im Riechenberger Vertrag endgültig alle Rechte am Rammelsberg und den Forsten an das Herzogtum Braunschweig-Wolfenbüttel abtreten. Die Bedeutung Goslars nimmt in der Folgezeit stark ab.

17./18. Jh. Im Dreißigjährigen Krieg (1618–1648) wird Goslar von schwedischen Truppen besetzt, was den wirtschaftlichen Niedergang beschleunigt. 1728 und 1780 vernichten zwei Brände große Teile der Unterstadt. Der Siebenjährige Krieg (1756–1763) belastet die Stadt finanziell durch Einquartierungen. Ab 1773 kommt es unter Johann Georg Siemens zu einem radikalen Sparkurs, Lastenumverteilung und Verwaltungsreformen.

19. Jh. 1802 wird Goslar von Preußen übernommen. Die Zeit als Freie Reichsstadt endet damit. 1820–1822 wird der verkaufte Dom bis auf die Vorhalle abgetragen.1838 wird Goslar durch die Stationierung des Hannoverschen Jäger-Bataillons Nr. 10 bis 1945 Garnisonstadt. 1842–1866 betreibt der Schuhmacher Friedrich Lampe hier ein bekanntes Kräuter-Heilbad. 1859 werden im Neuen Lager vom Rammelsberg weitere große Erzvorkommen entdeckt und zu einem wichtigen Wirtschaftsfaktor. Ab 1866 wird Goslar ein beliebter Alterswohnsitz für pensionierte Städter und erhält einen Eisenbahnanschluss. Die vom Verfall bedrohte Kaiserpfalz wird 1868–1897 umfassend restauriert.

20. Jh. Am Ersten Weltkrieg (1914–1918) nimmt auch das Jäger-Bataillon Nr. 10 teil. Nach Kriegsende verwandelt sich Oker in einen bedeutenden industriellen Standort. 1922 wird die 1.000-Jahr-Feier als großes Volksfest begangen. Während der NS-Zeit (1933–1945) wird Goslar zu einem Vorzeigeort für die nationalsozialistische Propaganda. Im Zweiten Weltkrieg (1939–1945) arbeiten in Goslar rund 5.000 Zwangsarbeiter. 1940–1942 gibt es nordwestlich vom Fliegerhorst ein Außenlager des KZ Buchenwald, unweit davon 1939–1945 das SS-Barackenlager Hahndorf als Außenstelle des KZ Neuengamme. Die Stadt wird durch eine frühe Kapitulation den US-Amerikanern fast unversehrt übergeben. Nach 1945 werden rund 14.000 Vertriebene aufgenommen, neue Stadtteile entstehen. In den 1960er und 1970er Jahren gibt es einen Zuzug zahlreicher europäischer Gastarbeiter, die dringend für den Bergbau und das Hüttenwesen benötigt werden. 1972 werden Hahnenklee-Bockswiese sowie Oker eingemeindet. 1979 verliert Goslar den Status als kreisfreie Stadt. 1988 endet mit Erschöpfung der Erzvorräte die über 1-000-jährige Bergbaugeschichte. Das ehemalige Erzbergwerk Rammelsberg und die Altstadt von Goslar werden 1992 in die UNESCO-Liste des Welterbes aufgenommen.

21. Jh 2010 wird das Energie-Forschungszentrum Niedersachsen (EFZN) eingeweiht. Die Oberharzer Wasserwirtschaft wird zusätzlich in die UNESCO-Liste des Kultur- und Naturerbes aufgenommen. 2014 wird die bis dahin selbstständige Stadt Vienenburg ein Teil von Goslar. 2015 zählt Goslar zum Jahresende 50.512 Einwohner.

Infotafel an der Stadtmauer

PAULANER
MÜNCHEN
Wirtshaus
An der Lohmühle

GASTRONOMIE

Ob regionale, saisonale oder internationale Küche, Goslar kann alle Wünsche befriedigen. Ebenso lohnend sind die Besuche etlicher Cafés und auch am späteren Abend, speziell am Wochenende, bietet Goslar so einiges. Ist es allerdings warm und sonnig, dann verwandelt sich die Stadt in ein großes Straßenlokal, denn die Wirte haben den Wunsch, draußen zu essen und zu trinken, frühzeitig erkannt. Eines sollte man aber wissen: Die Lokalitäten in Goslar sind fast immer gut besucht. Es empfiehlt sich deshalb, im Voraus einen Tisch zu reservieren, gerade wenn man mit mehreren Personen unterwegs ist. Aufgrund der Vielzahl der Restaurants können hier im Buch nur einige Vorschläge gemacht werden, die absolut keinen Anspruch auf Vollständigkeit erheben.

REGIONAL UND RUSTIKAL

1 Bocksberghütte Neben der Bergstation der Seilbahn oberhalb von Hahnenklee liegt die urige Hütte auf 726 m Höhe mit weiter Aussicht über den Harz. Sie verfügt über 130 Innenplätze, und auf der bei gutem Wetter geöffneten Terrasse gibt es nochmals 150 Plätze. Die Speisekarte ist rustikal mit regionalen Angeboten und insbesondere auf Kinder ausgerichtet, die Preise sind sehr familienfreundlich. Bocksberggipfel (Hahnenklee) • Tel.: 05325 5289042 • www.erlebnisbocksberg.de • Mo.–So. 9.30–17 Uhr

2 Die Butterhanne Das Wirtshaus und Café liegt in einem fast 500 Jahre alten Filzhutmacherhaus unweit vom Markt. Ein originaler alter Braukessel wurde wiederbelebt und zeugt bis heute von alter Goslarer Braukunst. Der Tag beginnt mit leckeren Frühstücksangeboten, nachmittags werden selbstgemachte Kuchen und Torten angeboten. Warme Küche gibt es durchgehend. Zu den Speisen gehören Harzer Wildspezialitäten und das hier gebraute originale Gosebier, das man auch als Geschenk mitnehmen kann. Innen gibt es 250 Sitzplätze, bei gutem Wetter lockt die Café-Terrasse in bester Lage gegenüber der Marktkirche. Marktkirchhof 3 • Tel.: 05321 22886 • www.butterhanne.de • Mo.–So. 8.30–22 Uhr

3 Brauhaus Goslar Das harztypische Brauerei-Restaurant liegt in einem denkmalgeschützten Haus von 1720. Neben Bieren werden regionale Spezialitäten angeboten, darunter Gerichte nach alten Rezepten wie Ha-

◂ Gasthausschild Paulaner Wirtshaus an der Lohmühle in Goslar ckus & Knieste oder warmer Linsensalat. Zu den selbstgebrauten Biersorten gehören u. a. die Gose, das Harzer Urbier oder das Rammelsberger Pils. Für Gruppen ist eine Brauereiführung mit Besichtigung vom Sudhaus und Lagerkeller möglich, ein Biervortrag am Braukessel sowie ein Bierseminar über die Geschichte des Gose-Biers und seiner Herstellung. Innen sitzt man unter Fachwerkbalken, entweder im Barbereich oder an Tischen, draußen ist bei entsprechendem Wetter eine Terrasse geöffnet. Das Obergeschoss steht für Veranstaltungen zur Verfügung. Marktkirchhof 2 • Tel.: 05321 685804 • www.brauhaus-goslar.de • So.–Do. 11–23 Uhr, Fr./Sa. 11–24 Uhr

4 Klosterkrug Wöltingerode Der Klosterkrug bietet Landhaus-Ambiente mit harztypischen Speisen, Angeboten nach alten Klosterrezepten und ein täglich wechselndes Mittagsmenü. Hinzu kommen saisonale Spezialitäten, frisches Holzofenbrot aus der Klosterbäckerei und Torten zum Kaffee. Im Sommer locken ein großer Biergarten mit 500 Plätzen und angrenzend ein Spielplatz für Kinder. Wöltingerode 3 (Vienenburg) • Tel.: 05324 2046 • www.klosterhotel-woeltingerode.de • Mo.–So. 11–22 Uhr.

5 Maltermeister Turm-Restaurant 1548 Das an den Turm angrenzende Ausflugs-Restaurant bietet von seiner Terrasse einen der schönsten Blicke auf Goslar und das Harzvorland. Es bietet regionale wie auch internationale und saisonale Gerichte an und lädt so zu einer kulinarischen Reise durch Europa ein. Rammelsberger Straße 99–101 (Bruchchaussee) • Tel.: 05321 4800 • www.malermeister-turm.de • tägl. ab 11 Uhr

6 Steinberg-Alm Zum Rösner Auch eine richtige Almhütte gibt es oberhalb von Goslar. Bei urigem Ambiente mit Kachelofen, bei gutem Wetter auch auf der Terrasse, können Sie hier Almschmankerln genießen. An bestimmten Tagen findet hier auch echtes Hüttengaudi mit Dirndlschau und Maßkurgstemmen statt. Jeweils am Sonntag wird zum Alm-Frühstück eingeladen. Für Kinder gibt es am Zugangsweg einen schönen Abenteuerspielplatz und eine Wiese mit Ponys. Nonnenberg 11 • Tel.: 05321 6856524 • www.steinbergalm.de • Mo.–Sa. ab 11 Uhr, So. ab 8.30 Uhr

INTERNATIONAL

7 Altdeutsche Stuben Das denkmalgeschützte Restaurant im Hotel „Der Achtermann" befindet sich hinter den alten Mauern des ehemaligen Wehrturms. In der Kaiser- und Bismarcknische haben schon hochrangige Persönlichkeiten ihr Bier getrunken oder auch zu Abend gegessen. Die Küche bietet sowohl Klassiker wie auch Spezialitäten aus dem Harz wie auch exotischeren Regionen der Welt. Rosentorstraße 20 • Tel.: 05321 7000777 • www.der-achtermann.de • Mo.–So. 18–22 Uhr, Sa./So. auch 12–15 Uhr

8 Da Antonio Zum Förderturm Das Restaurant beim Bergbaumuseum bringt ein Stück Italien nach Deutschland, und der Chef kocht auch noch selbst! Ob Pasta, Pizza, Fisch- oder Fleischgerichte und Salate, für jeden sollte etwas Leckeres dabei sein. Im Außenbereich stehen allerdings nicht viele Plätze zur Verfügung, und trotz der Lage außerhalb des Stadtzentrums ist das Restaurant oft gut besucht. Auch ein Lieferservice wird angeboten. Bergtal 4 • Tel.: 05321 4696103 • www.restaurant-zum-foerderturm.de • Mi.–Mo. 11.30–15/17–22 Uhr

9 Das Schwarze Schaf Das innen modern gestaltete Restaurant liegt in einer Fachwerkhausreihe direkt gegenüber der Jakobikirche. Bei gutem Wetter lockt außerdem eine Terrasse unter Kastanienbäumen. Die internationale Küche bietet Spezialitäten aus vielen Ländern, alles in einem guten Preis-Leistungs-Verhältnis. Auch Kaffee und Kuchen werden angeboten. Jakobikirchhof 7 • Tel.: 05321 3195111 • www.dasschwarzeschaf-goslar.de • Mo.–So. 11–20.30 Uhr

10 Ratsstube Die Speisekarte des Restaurants zeichnet sich durch Einfallsreichtum aus, denn immer wieder werden Gerichte nach ganz ausgefallenen Rezepten angeboten. Neben traditionellen und saisonalen Gerichten lockt also immer auch das Besondere mit gehobener Qualität. Auch zum Kaffee ist man gern gesehener Gast. Bei gutem Wetter lockt der große Gastgarten als Oase der Ruhe. Rathausstraße 1a (Hahnenklee) • Tel.: 05325 5287880 • www.ratsstuben-restaurant.de • Mo./Mi.-Sa. 17–22 Uhr, So. 12–21 Uhr

11 Madhus Das Restaurant im Hotel Njord ist modern-rustikal eingerichtet. Der Name ist dänischen Ursprungs und heißt Essenshaus. So bietet man etliche Spezialitäten aus Nordeuropa, aber auch viele internationale und saisonale Gerichte an, alles kreativ, frisch und hochwertig. Zur Mittagszeit gibt es eine Karte mit auch kleineren Gerichten, darunter das typisch dänische Smörrebröd. Parkstraße 2 (Hahnenklee) • Tel.: 05325 5289370 • www.restaurant-madhus.de • tägl. ab 18 Uhr (Küche bis 20.30 Uhr) • Nur mit Reservierung!

12 Trüffel Das Restaurant liegt in der Fußgängerzone und verfügt über einen modern-elegant eingerichteten Gastraum wie auch Außensitzplätze. Es bietet neben Trüffelpilz-Spezialitäten feine und gehobene mediterrane Küche mit Fisch- und Fleischgerichten. Dazu kommen immer saisonale Angebote. Preiswerter Mittagstisch. Bäckerstraße 106 • Tel.: 05321 29677 • www.restaurant-trueffel.de • Mo. 11–14.30 Uhr, Di.–So. 11–14.30/17.30–23 Uhr

DAS BESONDERE

13 Die Worthmühle Das Harzer Spezialitäten-Restaurant an der Abzucht bietet ein einmaliges rustikales Erlebnis auf drei Ebenen und einen kleinen Gastgarten. Angeboten wird eine regionale und absolut hochwertige Küche mit ausgesuchten (Bio-)Produkten. Ausgeschenkt werden hier natürlich auch die Goslarer Bierspezialitäten. Worthstraße 4 • Tel.: 05321 43402 • www.worthmuehle.de • Mo. 17–23 Uhr, Sa./So. 12–14.30/17–23 Uhr

14 Downunder Das im Cineplex gelegene Restaurant und Bar wirbt als australisches Restaurant. Der Außenbereich erinnert an das australische Outback, und legendär sind die hier stattfindenden „Fluch der Karibik"-Partys. So findet man auf der Speisekarte Känguru- und Krokodilsteaks, Schaschliks aus der Känguruhüfte aber auch Salate, Burger, Pasta und mehr. Alles wird frisch zubereitet. Be-

Café Anders am Hohen Weg

kannt ist die Location aber auch als Bar mit Whiskey- und Rumsorten aus allen Teilen der Welt sowie mehr als 150 alkoholischen wie nichtalkoholischen Cocktails und damit die größte Cocktailbar in Goslar und Umgebung. Carl-Zeiss-Straße 1 • Tel.: 05321 389697 • www.downunder-harz.de • Mo.–Do. 12–24 Uhr, Fr. 12–1 Uhr, Sa. 14.30–1 Uhr, So. 10–24 Uhr

15 Paulaner Wirtshaus Drei ehemalige Wohnhäuser an der Lohmühle unweit vom Markt dienen heute als Residenz für das bayerische Wirtshaus. Im rustikalen Inneren werden auf zwei Etagen 95 Plätze bereitgehalten, draußen auf der Terrasse und im bayerischen Biergarten nochmals rund 200. Die Küche bietet naturgemäß bayerische Schmankerln sowie diverse Biere aus München. Gemeindehof 3–6 • Tel.: 05321 26070 • www.paulaner-goslar.de • tägl. ab 12 Uhr

16 Soup & Soul Kitchen Das gemütliche Veggie-Restaurant mit Innen- und Außenbereich bietet eine Wochenkarte mit wechselnden Suppen, Pasta und Salaten. Darunter sind neue Kreationen und übliche Dauerbrenner. Alles wird frisch zubereitet. Die kulinarisch leichte internationale Küche bringt Veganer, Vegetarier und Fischesser an einen Tisch. Auch Bio-Weine werden angeboten. Obwohl das Restaurant erst 1995 eröffnete, steht es bei Tripadvisor bereits an Nr. 2 der beliebtesten Veggie-Restaurants in ganz Deutschland, und auch im Michelin-Guide wird es bereits erwähnt. Petersilienstraße 5 • Tel.: 05321 7563341 • www.soulkitchen.house • Di.–Do./So. 12–20 Uhr, Fr./Sa. 12–21 Uhr

GUT UND GÜNSTIG

17 Bei Andreas Das familiengeführte Restaurant mit Innen- und Außenbereich lockt mit griechischen Spezialitäten aller Art, Bier vom Fass und ist immer sehr gut besucht. Alle Gerichte können auch nach Hause mitgenommen werden. Wiedelaher Straße 6 (Vienenburg) • Tel.: 05324 7806066 • Mo./Mi.–Sa. 17–22.30 Uhr, So. 12–14.30/17–22.30 Uhr

18 Café-Restaurant Steffens Das im gleichnamigen Hotel befindliche Café-Restaurant bietet eine abwechslungsreiche Küche mit einem guten Preis-Leistungs-Verhältnis. Das umfangreiche Angebot serviert regionale und internationale Köstlichkeiten, darunter auch vegetarische Mahlzeiten. Immer wieder gibt es auch saisonale Angebote. Mit selbstgemachten Torten, Kuchen, Riesen-Windbeutel sowie frischen Waffeln mit Kirschen und Sahne lockt man auch Café-Gäste an. Neben einem modernen, warmen Innenraum gibt es auch eine Außenterrasse. Kurhausweg 6 (Hahnenklee) • Tel.: 05325 2535 • www.steffens-hotel.de • Mi.–Mo. 11–21.30 Uhr

19 Golden Palast Das chinesische Restaurant unweit vom Markt bietet ein holzvertäfeltes Inneres, goldene Zierschnitzereien und Wandmalereien. Die Küche umfasst die üblichen chinesischen Gerichte. Sehr oft wird ein Buffet angeboten. Das Preis-Leistungs-Verhältnis ist sehr gut. Marktstraße 3 • Tel.: 05321 41288 • www.goldenpalast.de • Mo.–So. 12–15/17.30–23 Uhr

20 Olympia bei Niko Goslar bietet mehrere griechische Restaurants. Seit 1998 am Platz, ist dieses Restaurant in einem Fachwerkhaus abseits vom großen Trubel zweifelsohne sehr beliebt. Neben den üblichen Fleischgerichten gibt es hier spezielle griechische Spezialitäten, darunter kretanische Kartoffeln, Leckereien auf Pfännchen, Nachspeisen wie Blätterteig mit Griescréme, Joghurt mit Honig und mehr. Breite Straße 65 • Tel.: 05321 25078 • www.olympia-goslar.de • Di.–So. 11.30–14.30/17.30–23 Uhr (So. nur bis 22 Uhr)

21 Pizza Plaza Das kleine italienische Bistro auf dem Brauhof bietet einen warm ausgestalteten Innenbereich und eine von alten Platanen eingerahmte Außenterrasse. Hier können Sie zu günstigen Preisen Pizza aus dem offenen Steinofen, Pasta, knusprige Baguettes, knackige Salate und mehr genießen oder auch nur ein Glas Wein trinken. Marstallstraße 1 • Tel.: 05321 22202 • www.pizzaplaza.de • Mo.–So. 17–23 Uhr

22 Wan Bao Das unweit vom Bahnhof gelegene chinesisch-mongolisches Restaurant ist für asiatische Restaurants gehoben eingerichtet und bietet ein Riesenangebot an chinesischen und anderen asiatischen Gerichten. Besonders beliebt ist jedoch das reichhalte Buffet, das keine Wünsche offenlässt. Goslarer Straße 4 (Vienenburg) • Tel.: 05324 7878918 • www.wan-bao.de • Mo.–So. 11.30–15/17.30–23 Uhr

CAFÉ UND BISTRO

23 Barock-Café Anders Das traditionsreiche Café in einem historischen Fachwerkhaus bietet über 300 Sitzplätze in unterschiedlichen Räumlichkeiten und ist zweifelsohne eine Institution in Goslar. Bis 12 Uhr können Sie hier täglich zu einem günstigen Preis inklusive Kaffee, Tee oder Schokolade satt eine abwechslungsreiche Frühstücksplatte genießen. Mittags gibt es auch warme Angebote. Bekannt ist das Café aber durch seine riesige Auswahl an Torten, Kuchen, Pralinen und

Keksen, die Sie auch zum Mitnehmen erhalten. Hoher Weg 4 • Tel.: 05321 23814 • www.barockcafe-anders.de • Mo.–So. 8.30–18 Uhr

24 Café Egerland Das urige Ausflugs-Café mit Innen- und Außenbereich liegt direkt am Liebesbankweg bzw. am Oberen Grumbacher Teich. Hier erwarten Sie Harzer Spezialitäten sowie hausgemachter Kuchen und Torten. Gerade letztere werden immer wieder gelobt. Kreuzeck 4 (Hahnenklee) • Tel.: 05325 2293 • www.kaffee haus.de • Mo.–So. 11–18.30 Uhr

25 Casino Rammelsberg Das Bistro-Café im Bergwerksmuseum bietet dem Besucher in einem modernen Ambiente frische Snacks, wechselnde Tagesgerichte Kuchen, Torten und mehr. Beliebt ist zudem der sonntägliche Brunch (11–14 Uhr), wobei es jeweils am ersten Sonntag im Monat ein Jazz-Brunch mit Livemusik ist. Ein weiterer Tipp sind die After-Work-Partys (an wechselnden Terminen Do. ab 18 Uhr). Diverse Events finden auch in anderen Räumlichkeiten des Museums statt. Bergtal 19 • Tel.: 05321 3958713 • www.casino-rammelsberg.de • Mo.–So. 11–18 Uhr

26 Coffee Corner In diesem Café-Bistro ist man richtig, wenn man nur eine Kleinigkeit essen möchte. Man kann den Tag mit einem leckeren Frühstück beginnen. Mittags gehören zum Angebot u. a. Burger, Currywurst oder Salate, wobei die Gerichte wechseln. Sehr beliebt sind aber vor allen Dingen die selbstgemachten Kuchen und Torten, Waffeln, Windbeutel und mehr. Neben einem modern gestalteten Innenbereich lockt auch eine große Außenterrasse. Rathausstraße 6 (Hahnenklee) • Tel.: 05325 5189983 • www.coffee-corner-hahnenklee.com • Di.–Do. 11–17 Uhr, Fr. 11–18 Uhr, Sa./So. 9–18 Uhr (bei schönem Wetter auch bis 21 Uhr)

27 Rosarium am See An Sonnentagen lockt das Café-Bistro mit einem wunderschönen Blick über den Vienenburger See. Neben dem Gastgarten ist auch der Innenbereich gemütlich ausgestattet. Es erwarten Sie Eisspezialitäten, Kaffee und Kuchen sowie kleine Gerichte. Sonntags können Sie hier auch frühstücken. Zeitweise gibt es Livemusik-Veranstaltungen oder Speed-Datings. Angeschlossen ist auch ein Bootsverleih. Heilerstraße 30 (Vienenburg) • Tel.: 05324 717090 • Mo.–Sa. 12–20 Uhr, So. 10–20 Uhr (im Winter zeitweise geschl.)

28 Schiefer erleben Dieser Gastronomiebetrieb bietet ein modernes, freundliches Ambiente, einen romantischen Innenhof und eine Sonnenterrasse auf dem Marktplatz. Schwerpunkte des Küchenangebots sind hausgemachte Nudeln, frisch hergestellte indische Currygerichte, große Pizzen und eine umfassende Steakkarte. Abends lockt dagegen die umfangreiche Getränkekarte mit Bier, Wein, Sekt, Longdrinks und Cocktails und mehr. Samstags sorgt ein DJ für musikalische Unterhaltung. Markt 6 • Tel.: 05321 3822700 • www.schiefer-erleben.de • So.–Do. 12–24 Uhr, Fr./Sa. 12–2 Uhr

29 Tim's 5 Tageszeiten Die freundliche Brasserie wandelt fünfmal am Tag ihr Gesicht, daher der Name. Morgens lockt ein leckeres Frühstück mit Kaffee- oder Teespezialitäten. Mittags oder abends gibt es leichte und frische Gerichte, aber auch Currywust –

der Renner schlechthin –, Burger oder Schnitzel. Die wechselnde Wochenkarte enthält immer ein preiswertes Business-Lunch und auch ein Veggie-Angebot. Nachmittags schmecken Kuchen und Torten. Abends erwartet den Gast ein großes Angebot an Cocktails und anderen Getränken. Breite Straße 98 (Kaiserpassage) • Tel.: 05321 382999 • www.tims-5tageszeiten.de • Mo.–Sa. 9–2 Uhr, So. 11–24 Uhr

KNEIPEN UND BARS

30 Bierbrunnen am Markt Die gemütliche Kneipe ist Treffpunkt für Jung und Alt. Im Sommer kann man das Leben in der Altstadt von der schönen Terrasse aus erleben. Für Sportsfreunde gibt es Live-Übertragungen vom Sky-TV. Jeweils freitags und samstags Musikunterhaltung durch einen DJ. Marktkirchhof 4 • Tel.: 05321 313736 • Mo.–So. 12–2 Uhr

31 Celtic Inn Irish Pub Der Pub im Goslarer Bahnhof bietet u.a. Frühstück bis 14 Uhr, kleine Speisen, wobei es ein täglich wechselndes preiswertes Mittagessen gibt, irisches Bier und diverse andere Getränke, samstags Bundesliga Live, zu bestimmten Terminen am Wochenende abends Livemusik sowie sonntags zeitweise Pokern im Pub. Hildesheimer Straße 53 • Tel.: 05321 685822 • www.celtic-inn-goslar.de • So.–Do. 10–1 Uhr, Fr./Sa. 10–3 Uhr

32 Gioia Aperitif & Bar Ein Stück Italien vermittelt diese gemütliche Bar. Hier erwarten Sie italienische Kaffeespezialitäten, Weine, Prosecco, Aperitifs und mehr. Wer etwas essen möchte, kann unter verschiedenen Süßspeisen bzw. Desserts und kalten Platten wählen. Sommerwohlenstraße 7 • Tel.: 05321 3946777 • Di.–Sa. 11–23 Uhr, So. 17–22 Uhr

33 Hexenkessel Im Keller der Bocksberg-Seilbahn finden Sie diese urige Bar. Hier erwarten Sie diverse Getränke vom Bier bis zum Cocktail, und wer Hunger hat, der findet etwas auf einer kleinen Imbisskarte. Regelmäßig finden Events statt, Faschingsparty, Schlagernacht, Oktoberfest, Hüttengaudi und mehr. Rathausstraße 6 (Hahnenklee) • Tel.: 05325 5189983 • www.hexenkessel-hahnenklee.com • Fr. 20–1 Uhr, Sa. 20–3 Uhr

34 Klub Kartell Hier finden am Wochenende regelmäßig Konzerte aller Musikrichtungen statt. Das Schwergewicht liegt jedoch bei Live-Rockmusik, aber auch das traditionelle Oktoberfest fehlt nicht. Marstallstraße 1 (Brauhof), Tel.: 0170 9497130 • Fr./Sa./So. 22–8 Uhr

35 Köpi 2012 Die urige Kneipe lockt Jung und Alt. Dazu gehört auch ein Biergarten. Neben diversen Bieren vom Fass erwarten den Gast erlesene Spirituosen und Weine. Fußballfreunden bietet man Live-Übertragungen vom Sky-TV. Regelmäßig Livemusik. Worthstraße 10 • Tel.: 05321 7479067 • www.koepi-2012.de • Mo.–So. ab 17 Uhr, Sa./So. ab 15 Uhr

36 Minna's Alte Liebe Die urige Kultkneipe auf dem Brauhof mit Außenterrasse bietet frisch gezapfte Biere, viele weitere Getränke, Live-Übertragungen vom Sky TV sowie regelmäßige Events. Marstallstraße 1 (Brauhof) • Tel.: 0171 7524691 • www.minnas-alte-liebe.de • Di.–Fr. ab 17 Uhr, Sa./So. ab 15.30 Uhr

VERO MODA
JACK JONES
H&M
H&M
H&M

EINKAUFEN

Die Einkaufsstadt am Harz, wie sich Goslar selbst tituliert, ist bekannt für seinen gehobenen Einzelhandel und Geschäfte mit persönlicher Beratung. Inmitten der malerischen Gassen finden sich auf engsten Raum viele liebevoll dekorierte Läden, die das Shoppen zum Erlebnis werden lassen. Daneben gibt es die KaiserPassage als modernes Einkaufszentrum oder das Karstadt Warenhaus mit seinem umfangreichen Angebot. Rund 2.200 Parkplätze stehen um die Innenstadt zur Verfügung und zahlreiche Cafés und Restaurants laden zum Verweilen ein.

ALLERLEI

1 Kingfischer Exotisches und orientalisches aus Asien finden Sie hier. Dazu gehören Accessoires, Kunsthandwerk, Mode, Räucherwaren und Schmuck. Schuhhof 1 • Tel.: 05321 685828 • www.kingfisher-goslar.de • Mo.–Fr. 11–18 Uhr, Sa. 11–16 Uhr

2 Floh's Rappelkiste Dieser Kinder-Secondhandshop bietet alles fürs Baby, gut erhaltene Kinderkleidung, Spielsachen, Kinderfahrzeuge und mehr. Schilderstraße 12 • Tel.: 0178 7155932 • Di.–Fr. 9.30–15 Uhr (Mi. bis 18 Uhr), Sa. 10–13 Uhr

3 Glasgravur Schneider Hier finden Sie Gläser, Tafelgeschirr, Bestecke, Tee- und Kaffeekannen, Figuren und Weihnachtsartikel verschiedener skandinavischer Hersteller, auf Wunsch mit Gravur. Hokenstraße 20 • Tel.: 05321 24774 • www.glasgravur-schneider.de • Mo.–Fr. 9.30–18 Uhr, Sa. 9.30–16 Uhr

◀ KaiserPassage, Eingang an der Breiten Straße

4 Glas- und Holzstudio Stegert Faszinierende Arbeiten diverser Künstler aus Glas und Holz sind hier zu bewundern und können natürlich auch gekauft werden. Hoher Weg 7 a • Tel.: 05321 26829 • Mo.–Sa. 11–17 Uhr (Jan.–März geschl.)

5 Haut Concept Das Hautpflegeinstitut bietet Hautpflege aller Art, Make-up, Nageldesign, Fußpflege und Wellness. Breite Straße 10 • Tel.: 05321 303644 • www.hautpunkt-concept.de • Mo.–Fr. 9–20 Uhr, Sa. 9–18 Uhr

6 Max Horte Ausgefallene Geschenke dekorativer, praktischer oder bunter Art entdecken Sie hier in Hülle und Fülle. Hoher Weg 7 • Tel.: 05321 306006 • maxhorte@t-online.de • Di.–Sa. 11–17 Uhr

7 Parfümerie Peter Reiche Auswahl an Duft- und Pflegeprodukten, auch

Ringe als Symbol der Zusammengehörigkeit

dekorativer Art. Sie erhalten Schminktipps und nach Vereinbarung sind auch Kosmetikbehandlungen möglich. Rosentorstraße 7/Fleischscharren 3 • Tel.: 05321 22276 • www.parfuemerie-peter.de • Mo.–Fr. 9–18.30 Uhr, Sa. 9–18 Uhr

8 Papier & Feder Wenn es um Büro- und Schulbedarf geht, Schulranzen, besondere Geschenkartikel, Künstlerbedarf oder Philatelie, dann ist dies die erste Adresse in Goslar. Vogelsang 2 • Tel.: 05321 302001 • www.papier-feder.de • Mo.–Fr. 9.30–18.30 Uhr, Sa. 9.30–16.30 Uhr

9 Vedes Beustedt Neben Schulartikeln bietet man hier ein großes Schulranzen- und auch Rucksacksortiment sowie cooles Spielzeug namhafter Hersteller. Charley-Jacob-Straße 7 • Tel.: 05321 302604 • www.vedes-goslar.info • Mo.–Fr. 9.30–18.30 Uhr, Sa. 9.30–16 Uhr

10 Wollstube Goslar Das gut sortierte Geschäft bietet neben Wolle aller Art, Häkel- und Stickgarne, Hardangerzubehör und Accessoires. Hokenstraße 15 • Tel.: 05321 40017 • www.wollstube-goslar.de • Mo.–Fr. 10–13/14.30–18 Uhr, Sa. 10–13 Uhr

BÜCHER

11 Bücher Bär Neben Kinder- und Jugendbüchern erwartet Sie ein ausgewähltes Belletristik-Sortiment für Erwachsene sowie aktuelle Angebote an E- und Hörbüchern. Schilderstraße 55 • Tel.: 05321 25505 • www.buchhandlung-buecherbaer.de • Mo.–Fr. 9–18 Uhr (in den Schulferien erst ab 9.30 Uhr), Sa. 10–13 Uhr

12 Relay Hier gibt es eine große Auswahl an Zeitungen und Zeitschriften, ausgewählte Bücher, Süßwaren, Getränke und Reiseproviant. Hildesheimer Straße 53 (im Bahnhof) • Tel.: 05321 317959 • www.ls-travelretail.de • Mo.–Fr. 6–20 Uhr, Sa. 7–20 Uhr, So. 8–20 Uhr

GOLDSCHMIEDE, JUWELIER, SCHMUCK

13 Böttcher Uhren Besonders mechanische Stücke liebt der Inhaber, seine Frau dagegen ist für den Schmuck zuständig. Hokenstraße 5 • Tel.: 05321 23028 • www.boettcher-wilde.de • Mo.–Fr. 9.30–13/14.30–18 Uhr, Sa. 9.30–16 Uhr

14 Eigenart-Schmuckwertstatt Liebhaber von in solider Handarbeit angefertigten Unikatschmuckstücken finden hier reichlich Auswahl. Vogelsang 8 • Tel.: 05321 42318 • www.eigenart-susannewittig.de • Mi.–Fr. 10–13/15–18 Uhr, Sa. 10–13 Uhr

15 Pfitzner In der Gold- und Platinschmiede erhalten Sie individuellen Schmuck, Golfschmuck sowie Ringe für jeden Anlass. Markt 10 • Tel.: 05321 23293 • www.goldschmiede-pfitzner.de • Mo./Di./Do./Fr. 10–13/14.30–18 Uhr, Sa. 10–14 Uhr

ESSEN, TRINKEN, NASCHEN

16 Fleischerei Kluss Das Fachgeschäft bietet viele Harzer Spezialitäten, bei denen das einheimische Gose-Bier verarbeitet wurde und für eine besondere Geschmacksnote sorgt. Kornstraße 94 • Tel.: 05321 725783 • www.fleischereikluss.de • Mo./Mi./Sa. 8–13 Uhr, Di./Do./Fr. 8–18 Uhr

17 Koithahn's Die Fleischerei verkauft eine breite Palette an Harzer Landwurstspezialitäten und Schinkensorten. Fischemäkerstraße 9 • Tel.: 05321 42750 • www.koithahn.de • Mo.–Fr. 7.30–18.30 Uhr, Sa. 7.30–14 Uhr

18 La Provence Neben Feinkost, Spirituosen, Tee und Weine sind Naturkosmetik, Öle, Parfüm aus Grasse und Seifen im Angebot. Hokenstraße 6 • Tel.: 05321 383804 • www.laprovence-goslar.de • Mo.–Fr. 9.30–18.30 Uhr, Sa. 9.30–16 Uhr

19 Life Style Hier finden Sie u. a. ausgefallene Bilder, Gartendekorationen, Lampen und Skulpturen sowie ausgesuchte Weine und Whiskys, Schokoladen, Essig und Öl, Diverses zum Kochen und etliche Teesorten. Schuhhof 8 • Tel.: 05321 7469130 • www.lifestyle-goslar.de • Mo.–Sa. 10–18 Uhr

20 Teehaus Goslar Hier werden Sie bestimmt ihren Lieblingstee finden. Die große Auswahl kommt von den besten Anbaugebieten der Welt. Breite Straße 5/Schuhhof 2 • Tel.: 05321 1434 und 1437 • Mo.–Fr. 10–18 Uhr, Sa. 10–17 Uhr

MODE UND STOFF

21 Flair In der Boutique für starke Mode bis Größe 56 sind viele bekannte Marken vertreten. Außerdem bietet man einen Änderungsservice für alle. Hokenstraße 16 • Tel.: 05321 43698 • www.flairstarkemode.de • Mo.–Fr. 10–18 Uhr, Sa. 10–15 Uhr

22 Helmbrecht Das Sortiment des führenden Herrenausstatters umfasst bekannte internationale Marken für gehobene Ansprüche. Fachliche Kompetenz und persönlicher Service werden großgeschrieben. Schuhhof 4–5 • Tel.: 05321 22656 • www.helmbrecht-goslar.de • Mo.–Fr. 10–18.15 Uhr, Sa. 10–16 Uhr

23 Leder-Stube Zum Sortiment gehören Damen- und Herrenhüte, Mützen und Kappen, ferner Damenhandtaschen sowie City-Rucksäcke und

TIPP Wer regionale und saisonale Erzeugnisse von Händlern der Umgebung sucht, der wird auf einem der drei Wochenmärkte mit Sicherheit pfündig. Erzeugnisse bestimmter regionaler Anbieter werden hier unter dem Label „Typisch Harz" angeboten. Innenstadt (Jakobikirchhof), Di./Fr. 8–13 Uhr • Jürgenohl (Danziger Straße), Mi./Sa. 8–12 Uhr • Vienenburg (Marktplatz), Do. 14–17 Uhr

Glasstudio auf dem Kunsthandwerkerhof Großes Heiliges Kreuz

Geldbörsen für Damen und Herren. Hokenstraße 11 • Tel.: 05321 21288 • Mo.–Fr. 9.30–18 Uhr, Sa. 9.30–15 Uhr

24 Holzberg Dessous Das in Goslar führende Fachgeschäft für feine Wäsche bietet Dessous, Nachtwäsche, Bademoden sowie Haus- und Strandbekleidung an. Hokenstraße 13 • Tel.: 05321 24470 • www.holzberg-dessous.de • Mo.–Fr. 9.30–18.30 Uhr, Sa. 9.30–16 Uhr

25 Mode Express No. 1 Hier finden Sie als Frau klassische wie auch trendige Mode mit einem guten Preis-Leistungs-Verhältnis samt kompetenter Beratung. Bäckerstraße 101 • Tel.: 05321 41112 • www.modeexpress-online.de • Mo.–Fr. 10–18 Uhr, Sa. 10–16 Uhr

SCHUHE

26 Rheingold Qualitätsschuhe bekannter Hersteller und kompetente Beratung bietet dieses Fachgeschäft. Rosentorstraße 34 • Tel.: 05321 22 575 • www.schuhhausrheingold.de • Mo.–Fr. 9.30–18.30 Uhr, Sa. 9.30–16 Uhr

27 Stietzel Das führende Schuhhaus Goslars führt eine große Vielfalt an Markenschuhen. Entspannte Beratung mit Kaffee gehört dazu. Breite Straße 100–101 • Tel.: 05321 23584 • www.schuhhaus-stiezel.de • Mo.–Fr. 9.15–18.30 Uhr, Sa. 9.15–18 Uhr

SPORT UND OUTDOOR

28 Intersport Deckert Im größten Sportfachgeschäft des Harzes findet man nicht nur für jede sportliche Betätigung das Richtige, auch eine große Auswahl an Schuhen aller Art. Fischmäkerstraße 13 a (im 1. OG KaiserPassage) • Tel.: 05321 34100 • www.deckert-goslar.de • Mo.–Fr. 9.30–19 Uhr, Sa. 9.30–18 Uhr

ÜBERNACHTUNG

Goslar bietet über das Jahr verteilt eine Vielzahl von Veranstaltungen, und die UNESCO-Welterbestätten sind ganzjährig ein Anziehungspunkt. So finden Sie hier Hotels und andere Unterkünfte von einfach bis luxuriös. Immer wieder gibt es Tage, an denen Goslar hoffnungslos ausgebucht ist. Sie sollten deshalb rechtzeitig buchen, denn meistens können Sie im Voraus getätigte Reservierungen noch über einen längeren Zeitraum wieder kostenlos stornieren.

GEHOBEN BIS LUXURIÖS

1 Der Achtermann Hotel und Tagungszentrum Das traditionsreiche Haus unweit vom Bahnhof verfügt über 154 Zimmer unterschiedlicher Kategorien und ein großes Tagungszentrum. In das Hotel ist ein alter Wehrturm der früheren Stadtbefestigung einbezogen. Dort finden sich heute Suiten, einen historischen Turmsaal und das denkmalgeschützte Restaurant „Altdeutsche Stuben". Der Wellness- und Beautybereich umfasst Schwimmbecken, Saunen sowie Massage- und Kosmetikbehandlungen. Rosentorstraße 20 • Tel.: 05321 70000 • www.der-achtermann.de

2 Hotel Alte Münze Das in einer ruhigen Seitengasse und doch zentral gelegene Hotel umfasst zwei historische Gebäude, die alte Münzprägestätte von 1509 und die Ausspannwirtschaft „Weißer Schwan" aus dem 17. Jh. Die Zimmer mit insgesamt 57 Betten und Ferienwohnungen sind heute modern gestaltet. Außerdem erwarten Sie ein romantischer Innenhof und eine Hotelbar. Münzstraße 10–11 • Tel.: 05321 22546 • www.hotel-muenze.de

3 Hotel Kaiserworth Das 64 individuelle Zimmer und sechs Juniorsuiten umfassende Hotel befindet sich in einem ehemaligen Gildehaus (S. 27) direkt am Markt. Dazu gehört das Restaurant „Die Worth" mit einem eleganten Innenraum und einer Außenterrasse unter den Arkaden zum Markt hin. Das Café „Nouvelle" dagegen bietet ab 11.30 Uhr ein Kuchenbuffet und verwandelt sich abends in eine Bar mit alkoholischen Spitzenerzeugnissen. Markt 3 • Tel.: 05321 7090 • www.kaiserworth.de

4 Hotel Niedersächsischer Hof Das direkt gegenüber vom Bahnhof gelegene Hotel geht auf 1930 zurück und wurde 1998 umfassend renoviert. Es bietet 61 Zimmer sowie zwei Suiten, das Restaurant „Rosengarten" für das Frühstücksbuffet und Feierlichkeiten sowie das Bistro „Pieper's" mit wechselnden Tages- und Saisonangeboten. Auf allen Etagen sind Gemälde,

Hotel Alte Münze

Grafiken, andere Objekte und Plastiken berühmter Künstler in Kooperation mit dem Mönchehaus Museum ausgestellt. Klubgartenstraße 1–2 • Tel.: 05321 3160 • www.niedersaechsischerhof-goslar.de

5 Hotel Njord Das im nordischen Stil mit viel Holz erbaute Hotel bietet 22 komfortable Zimmer, eine Suite und ein Appartement. Zum Haus gehören das Feinschmecker-Restaurant „Madhus" (S. 117), ein gemütliches Kaminzimmer mit Bar, eine Bibliothek mit Blick zum Kranichsee und ein moderner Wellnessbereich. Parkstraße 2 (Hahnenklee) • Tel.: 05325 5289370 • www.hotelnjord.com

6 Hotels am Kranichsee Die Anlage besteht aus den drei Häusern „Diana", „Seerose" und „Jagdhof", wobei viel Holz verwendet wurde. Sie sind durch Gänge miteinander verbunden und liegen direkt am Kranichsee. Neben komfortablen Zimmern werden großzügige Appartements und Suiten angeboten. Zur Anlage gehören außerdem Schwimmbad, finnische Sauna, Aromadampfsauna, Massage-Kosmetik-Studio, Fitnessstudio, Konferenzraum, ein Café-Restaurant, die Kranichbar mit Kamin sowie ein idyllischer Biergarten mit Wasserfall. Parkstraße 4–6 (Hahnenklee) • Tel.: 05325 7030 • www.kranichsee.de

KOMFORTABLE MITTELKLASSE

7 Hotel Brusttuch Das im 16. Jh. erbaute Haus (S. 32) dient heute als Hotel mit 15 Zimmern und einer Juniorsuite, versehen mit modernem Komfort sowie historischem Flair. Im dritten Obergeschoss gibt es ein Schwimmbad, ab 2017 ergänzt um Sauna und Fitnessbereich. Restaurant und Weinstube sind nur für Gruppen geöffnet. Das Frühstück gibt es im Hotel Kaiserworth (S. 127) am Markt. Hoher Weg 1 • Tel.: 05321 34600 • www.brusttuch.de

8 Hotel-Café Steffens Der zentral gelegene Familienbetrieb bietet helle und gemütliche Gästezimmer bzw. Appartements sowie sechs gut eingerichtete Ferienwohnungen. Zum

ZIMMERVERMITTLUNG

Die im Informations-ABC auf S. 138 genannten Tourist-Informationen informieren über weitere Unterkünfte und helfen Ihnen gern bei der Reservierung. Darüber hinaus können Sie viele Unterkünfte auch direkt über die bekannten Portale wie www.booking.com, www.hotel.de oder www.hrs.de buchen.

Haus gehört auch ein Restaurant-Café (S. 119). Kurhausweg 6 (Hahnenklee) • Tel.: 05325 2535 • www.steffens-hotel.de

9 Hotel-Restaurant Schiefer Das kleine Haus direkt am Markt bietet elf geräumige und hochwertige Suiten auf zwei Etagen. Frühstücken kann man hier nicht, aber es gibt viele Möglichkeiten in der nahen Umgebung. Außerdem lockt ein romantischer Innenhof. Das Restaurant ist ab mittags geöffnet (S. 120). Markt 6 • Tel.: 05321 3822700 • www.schiefer-erleben.de

10 Klosterhotel Wöltingerode Es erwartet Sie moderner Komfort in historischer Umgebung. Das Hotel verfügt in drei Kategorien über 57 Zimmer im Haupthaus und im denkmalgeschützten Klosterkrug, wo sich auch ein Restaurant befindet (S. 116). Außerdem stehen zehn Tagungsräume unterschiedlicher Größe zur Verfügung. Bei Vorbestellung werden auch Wellness-Massagen angeboten. Wöltingerode 3 (Vienenburg) • Tel.: 05324 774460 • www.klosterhotel-woeltingerode.de

PREISWERT

11 Hotel Alte Zollstation Das unweit vom Bahnhof gelegene Hotel garni bietet zu günstigen Preisen zehn modern ausgestattete Zimmer. Für Gruppen steht eine Kegelbahn zur Verfügung. Im gleichen Haus befindet sich das Restaurant „Wan Bao" (S. 119). Goslarer Straße 4 (Vienenburg) • Tel.: 05324 3027 • www.zollstation-vienenburg.de

12 Jugendherberge Goslar Hier erwarten Sie am Fuß vom Rammelsberg 163 Betten in 2- bis 8-Bett-Zimmern, teils auch mit eigener Dusche/WC sowie vier Tagungs- und zwei Aufenthaltsräume. Gäste finden hier ansonsten Gesellschaftsspiele, Bücher für alle Altersgruppen, eine Spielecke für die ganz Kleinen, Kicker, Videofilme sowie draußen Bolzplatz, Volleyballanlage, Basketballkorb, Tischtennisplatten, einen Spielplatz, Kletterturm und Blockhütten. Rammelsberger Straße 25 • Tel.: 05321 22240 • www.goslar.jugendherberge.de

13 Jugendherberge Hahnenklee-Bockswiese Die Jugendherberge bietet 2- bis 6-Bett-Zimmern mit insgesamt 120 Betten. Ferner stehen fünf Tagungs- und Aufenthaltsräume, Bolzplatz, Tischtennisplatten, Kicker, Lederbälle sowie Grillplatz und ein Blockhaus zur Verfügung. Hahnenkleer Straße 11 (Bockswiese) • Tel.: 05 325 2256 • www.hahnenklee.jugendherberge.de

DAS BESONDERE

14 Altstadtpension Koch Diese urige Pension befindet sich in einem ehemaligen Stadtbauernhof im Ostteil der Altstadt. Sieben individuell gestaltete Zimmer erwarten den Gast. Obere Kirchstraße 3 • Tel.: 05321 685322 • www.altstadt-pension-koch.de

15 Ferienwohnung im Weberturm Der Weberturm (Mauerstraße 37, S. 67) als Teil der früheren Stadtbefestigung bietet heute über sieben Etagen eine luxuriöse Ferienwohnung mit zwei Schlafzimmern, 2 Luxusbädern, Wohnzimmer, Spielzimmer für die Kinder, Küche und Balkon. City-Appartements Am Wall • Mauerstraße 25 • Tel.: 0151 21207080 • www.city-appartements-am-wall.de

16 Ferienwohnungen im Zwinger Der Erlebnisturm Zwinger (S. 63) verfügt in der mittleren Etage über drei modern ausgestattete Ferienwohnungen unterschiedlicher Größe, umgeben von historischen Ambiente. Thomasstraße 2 • Tel.: 05321 43140 • www.zwinger.de

17 Frauenpension Arleta Am Stadtrand westlich des Zentrums am Rande eines Naturschutzgebietes gelegen, nimmt diese kleine Pension mit sieben Zimmern ausschließlich Frauen auf. Kinder sind allerdings erlaubt. Anstelle von TV und WLAN erwarten Sie hier Bücher, Spiele, CDs, Musikinstrumente, Tischtennisplatte, Gartenhaus für Meditationen, Massageangebote, Reiki und Bachblütenberatung. Verliehen werden außerdem Fahrräder und Nordic-Walking-Stöcke, Langlauf-Ski und Schlitten. Am Nordberg 7 • Tel.: 05321 25323 • www.frauenpension-arleta.de

18 Hotel- und Tagungszentrum Hessenkopf Das Hotel liegt mitten im Grünen auf einem idyllischen Wald- und Wiesengelände oberhalb der B 241. In zwei Häusern gibt es 64 Zimmer sowie elf Tagungs- und Veranstaltungsräume. Übernachten kann man alternativ auch in großen Weinfässern, die über eine kleine Terrasse mit Sitzmöglichkeit verfügen oder in einem Heuhotel, ausgestattet mit 13 Doppelstockbetten mit Harzer Bergwiesen-Heu. Daneben gibt eine finnische Sauna, ein Tauchbecken, zwei finnische Grillkotas, den Schafstall als rustikalen Veranstaltungsraum, ein Restaurant und den Kneipentreff „Knieste" mit Hüttencharme. Hessenkopf 5 • Tel.: 05321 31700 • www.hessenkopf-goslar.de

CAMPING UND WOHNMOBIL

19 Campingplatz Sennhütte Von Wald umgeben gibt es hier Platz für 100 Wohnwagen, 20 Wohnmobile und über 200 Zelte. Die Anlage verfügt über ein Sanitärgebäude, Waschhaus, Kiosk, Kinderspielplatz, Tischtennisplatten und Basketballkörbe. Der nahe Damwildpark lockt kleinere Kinder an. Clausthaler Straße 28 • Tel.: 05321 22498 • www.campingplatz-goslar.de

20 Campingplatz Kreuzeck Direkt am Oberen Grumbacher Teich erwarten Sie 200 Stellplätze, Zeltplätze, Holzferienhäuser, Sanitärräume und Restaurant. Kreuzeck 5 • Tel.: 05325 2570 • www.camping-harz.com

21 Wohnmobilstellplätze in Goslar, Hahnenklee und Vienenburg sind im Informations-ABC auf Seite 139 genannt.

▶ Eingang zum Hotel Schiefer mit Glockenspiel

SCHIEFER

KULTUR UND FREIZEIT

Mit dem Museumsbergwerk Rammelsberg, das als UNESCO-Welterbe anerkannt ist, bietet Goslar ein einzigartiges Museum, das man gesehen haben muss. Aber auch mit den anderen Museen und Ausstellungen muss sich Goslar nicht verstecken. Kulturelle Veranstaltungen gibt es das ganze Jahr über, und auch im Freizeitbereich ist für viel Abwechslung gesorgt.

MUSEEN UND AUSSTELLUNGEN

1 Eisenbahnmuseum Vienenburg Im ältesten noch erhalten Bahnhof Deutschlands erfahren Sie viel über den Bau der Ersten Deutschen Staatsbahn und die Geschichte der Eisenbahn in ganz Deutschland. Eine Modelleisenbahnanlage zeigt den Vienenburger Bahnhof in den 1960er Jahren. Im Außengelände sind alte Wagen, Lokomotiven, Abfahrtstafeln, Signale und mehr zu bewundern. Bahnhofstraße 8 • www.eisenbahnmuseum-vienenburg.de und www.ebm-vienenburg.de • Do.–So. 15–17 Uhr

2 Goslarer Museum Hier erwartet Sie eine umfangreiche Sammlung zu Geschichte und Kunstgeschichte der Stadt sowie zur Geologie und Mineralogie der Region. Insbesondere steht auch das Alltagsleben in früheren Jahrhunderten im Mittelpunkt der Ausstellung. Königstraße 1 • Tel.: 05321 43394 • Apr.–Okt. Mo.–So. 10–17 Uhr, Nov.–März Mo.–So. 10–16 Uhr

◀ Spielplatz bei der Steinberg-Alm

3 Heimatmuseum Vienenburg Das Museum widmet sich u. a. Handel, Handwerk und Gewerbe aus der Geschichte Vienenburgs. Gezeigt werden auch alte Geschäftseinrichtungen. Dazu gibt es wechselnde Ausstellungen. Schulstraße 24 a (Vienenburg) • Tel.: 05324 773707, jeder 2. So. im Monat 14–17 Uhr

4 Huldigungssaal im Rathaus Der zwischen 1505 und 1520 eingerichtete Ratssitzungssaal im Historischen Rathaus ist ein einzigartiges Kleinod spätgotischer Kunst und kann nur durch eine mit Glas geschützte Nische aus betrachtet werden, aber eine multimediale Präsentation zeigt eine verkleinerte, aber getreue Nachbildung. Markt 1 (Zugang vom Marktkirchhof) • 2. Hälfte März–Ende Okt. sowie während des Weihnachtsmarkts (außer am 24.12.), Mo.–Fr. 11–15 Uhr, Sa./So. 10–16 Uhr • Zugang während der Schließungszeit nur im Rahmen der

Stadtführung „Tausend Schritte durch die Altstadt", tägl. 10 Uhr ab Tourist-Information

5 Jäger-Erinnerungsstätte Die kleine Ausstellung widmet sich dem Goslarer Jägerbataillons und dem Fliegerhorst Goslar als Luftwaffenstandort. Hoher Weg 7 • Tel.: 05321 42842 • Mi./Sa.11–13 Uhr

6 Kaiserpfalz Im Mittelpunkt steht die Geschichte des Wander-Kaisertums in früheren Zeiten. Über 200 Jahre wurde hier deutsche und europäische Geschichte geschrieben. Sehenswert ist insbesondere auch der ausgemalte Saal des Kaiserhauses. Die Ausstellung im EG zeigt in sieben Gewölben herausragende Kunstschätze, u. a. den bronzenen Kaiserthron. Kaiserbleek 6 • Tel.: 05321 3119693 (Kasse) • www.goslar.de • Apr.–Okt. Mo.–So. 10–17 Uhr, Nov.–März 10–16 Uhr

7 Mönchehaus Museum In wechselnden Ausstellungen zeigt das Museum moderne und zeitgenössische Kunst. Seit 1975 vergibt die Stadt den sogenannten Kaiserring-Kunstpreis an einen herausragenden Gegenwartskünstler, und das Museum bietet dann die entsprechende Ausstellungsplattform. Mönchestraße 1 • Tel.: 05321 4948 • www.moenchehaus.de • Di.–So. 10–17 Uhr

8 Weltkulturerbe Rammelsberg, Museum und Besucherbergwerk Seit 1992 steht das ehemalige Erzbergwerk auf der Welterbeliste der UNESCO. Dazu gehören die Abraumhalden (10. Jh.), der Rathstiefste Stollen (12. Jh.), das Feuergezähe-Gewölbe als ältester gemauerter Grubenraum Europas (13. Jh.), der Maltermeisterturm als ältestes Tagesgebäude (15. Jh.), der Roeder-Stollen mit originalen Wasserrädern (18./19. Jh.) sowie interessante Ausstellungen. Bergtal 19 • Tel.: 05321 7500 • www.rammelsberg.de • Mo.–So. 9–18 Uhr, letzte Führung 16.30 Uhr

9 Zinnfiguren-Museum In etwa 50 bildlichen Darstellungen erleben Sie Goslar mit Altstadt und den Bergbau im Kleinen. Außerdem werden historische Zinnfiguren früherer Zeiten gezeigt. Besucher dürfen hier selbst Zinnfiguren gießen und bemalen. Klapperhagen 1 • Tel.: 05321 25889 • www.zinnfigurenmuseum-goslar.de • Apr.–Okt Di.–So. 10–17 Uhr, Nov.–März Di.–So. 10–16 Uhr

10 Der Zwinger – Museum und Erlebnisturm Lernen Sie einen der stärksten Befestigungstürme Europas kennen. Die Ausstellung zeigt u. a. Ritterrüstungen vergangener Jahrhunderte, mittelalterliche Folterinstrumente, orientalische Klingen und mehr. Von der Dachterrasse genießen Sie zudem eine schöne Aussicht über Goslar. Thomasstraße 2 • Tel.: 05321 43140 • www.zwinger.de • 15. März–Okt. Di.–So. 11–16 Uhr, Nov.–14. März auf Anfrage für Gruppen ab 10 Personen

GALERIE

11 Stubengalerie Stoetzel-Tiedt In der Galerie werden Werke renommierter Künstler der Gegenwart sowie Klassiker der Modernen Kunst gezeigt, im Sommer im Garten zudem Skulpturen präsentiert. Abzuchtstraße 4 • Tel.: 05321 40957 • www.galerie-tiedt.de • Di.–Fr. 11–13/15–18 Uhr, Sa. 11–13/14–17 Uhr, So. 11–13 Uhr

KONZERT, THEATER, KLEINKUNST

12 Kulturkraftwerk Harz Energie Das abwechslungsreiche Programm umfasst Kleinkunst, Comedy, Kabarett, Figurentheater sowie Musik-Veranstaltungen. Hildesheimer Straße 21 • Kartenreservierung über die Tourist-Information Goslar • Tel.: 05321 78060 • www.kulturkraftwerk-harzenergie.de

KINOS

13 Cineplex Goslar Das Kino im Gewerbegebiet Bassgeige bietet modernste Technik und ein abwechslungsreiches Programm. Carl-Zeiss-Straße 1 • Tel.: 01805/546647 • www.cineplex.de

14 Goslarer Theater In vier Kinosälen vereint das Altstadt-Kino Tradition und neueste Technik mit einem gemütlichen Ambiente. Breite Straße 86 • Tel.: 05321 2855 • www.cineplex.de

LIVEMUSIK UND CLUBS

15 Celtic Inn Irish Pub Gelegentlich Livemusik. Hildesheimer Straße 53 • Tel.: 05321 685822 • www.celtic-inn-goslar.de • So.–Do. 10–1 Uhr, Fr./Sa. 10–3 Uhr

16 Klub Kartell Live-Rock-Musik. Marstallstraße 1 (Brauhof) • Tel.: 0170 9497130 • Fr.–So. 22–8 Uhr

17 Köpi 2012 Gelegentlich Livemusik. Worthstraße 10 • Tel.: 05321 7479067 • www.koepi-2012.de • Di.–Fr. ab 17 Uhr, Sa./So. ab 15 Uhr

18 Miner's Rock Veranstaltungen in der „Schlosserei" vom Bergwerk Rammelsberg. Bergtal 19/Danziger Straße 2 • www.miners-rock.de

19 Nachtschicht Diskothek mit unterschiedlichen Bereichen. Im Danceclub, der Haupthalle, sind neben einer großen Tanzfläche mehrere Theken und reservierbare Tische. Moderns-

Goslarer Museum

Kutsche auf dem Markt vor der Kaiserworth

te Lichttechnik. Im Discostadl gibt es bunt gemischte Musik, viel aus den 70ern und 80ern und neben einer Tanzfläche gemütliche Sitzecken. Im Rittersaal trifft man sich dagegen zu leckeren Cocktails. Carl-Zeiss-Straße 1 b • Tel.: 05321 352232 • www.nachtschicht-goslar.de • Fr./Sa. ab 22 Uhr

20 Zicke Einer der Goslarer Party-Hot-Spots. DJs sorgen für Top-Musik, trotzdem kann man sich auch in gemütliche Sitzecken zurückziehen. Das Musikprogramm ist weit gefasst. Partykracher, Mit-Sing-Hits, Oldies, alles ist dabei. Neben Bier werden Soft- und Longdrinks, Weine, Spirituosen, Sekt und natürlich Cocktails angeboten. Marstallstraße 1 (Brauhof) • www.zicke-goslar.de • Fr./Sa. ab 22 Uhr

21 Tiffany's Lounge Club Zu bestimmten Terminen verwandelt sich das Obergeschoss vom Wirtshaus „Die Butterhanne" in Tiffany's Lounge Club. Dann erklingt hier Musik der 70er, 80er und 90er Jahre. Marktkirchhof 3 • Tel.: 05321 22886 • www.tiffanys-club.de • bestimmte Sa. ab 22 Uhr

SCHWIMMBÄDER

22 Aquantic-Schwimmpark am Osterfeld Der Schwimmpark umfasst ein Hallenbad mit einem großen Multibecken, ein Freibad mit beheizten Becken, Rutsche, weitläufiger Liegewiese, Spielgeräten und Matschspielplatz sowie eine Saunalandschaft mit vier Saunen. Osterfeld 11 • Tel.: 05321 75820 • www.aquantic.de • Hallenbad: Mo.–Fr. 6–21 Uhr, Sa. 7–18 Uhr, So. 8–18 Uhr, Freibad: Mo.–Fr. 6–20 Uhr, Sa. 7–20 Uhr, So. 8–20 Uhr

23 Aquantic-Freibad Vienenburg Es bietet Sport- und Sprungbecken, 5-Meter-Turm, Nichtschwimmer-Erlebnisbecken mit Großrutsche und separate Planschbecken, natürlich auch Liegeflächen, Matschspielplatz und Kiosk. Steinweg 16 • Tel.: 05324 787596 • www.aquantic.de • Mitte Mai–Mitte Sept. Mo.–Fr. 10–19.30 Uhr, Sa./So. 9–19.30 Uhr

24 Freibad des VfL Oker Neben einem Schwimmbecken mit Schwimmer- und Nichtschwimmerbereich bietet das Freibad eine Wasserrutsche und ausreichend Liegeflächen. Im Stobenholz • Tel.: 05321 683840 • www.vfloker.de • Mai–Sept. Mo.–Sa. 7–20 Uhr, So. 8–20 Uhr

25 Waldseebad Kuttelbacher Teich Waldschwimmbad mit Tretbootverleih und Einkehrmöglichkeit im Kaminstübchen. Hahnenkleer Straße 1a (Hahnenklee-Bockswiese) • Tel.: 05321 704560 • Mitte Mai–Mitte Sept.

OUTDOOR

26 Gleitschirmfliegen Vom Startplatz oberhalb vom Bergwerk, etwa 670 m hoch, werden Schnupperkurse aber auch Tandemflüge angeboten. Harzer Gleitschirmschule • Am Horn 9 • 38667 Bad Harzburg • Tel.: 05322 5549105

27 Motor-Segelflüge Vom Segelflugplatz Bollrich können Sie zusammen mit versierten Piloten in die Luft gehen und Goslars Umgebung aus der Luft erleben. Luftsportverein Goslar • Segelflugplatz Bollrich • Kirschweg 8 • Tel.: 0170 154104 • www.segelfliegen-goslar.de

28 Bikepark Hahnenklee Am Bocksberg in Hahnenklee gibt es sieben unterschiedliche Abfahrtsrouten und einen Übungsparcours. Bergauf kommen Sie mit der Bocksberg-Seilbahn, die das Mountainbike mittransportiert. An den Teichwiesen (Hahnenklee) • Tel.: 05325 2576 • www.erlebnisbocksberg.de

29 Volksbank Arena Harz Mit rund 2.200 km Länge eines der größten deutschen Mountainbike-Routennetze unterschiedlichster Ansprüche.

Rutschenturm auf dem Bocksberg

Fünf Rundtouren starten und enden in Goslar. www.volksbank-arena-harz.de

30 Skateranlage Hinter dem „Jugendzentrum B 6". Heinrich-Piper-Straße 1 c, Tel.: 05321 20392 (Jugendzentrum)

31 Sommerrodelbahn Hahnenklee Bei der Seilbahn-Bergstation beginnt die 1250 m lange Sommerrodelbahn mit Jumps, Wellenstrecken und unterschiedlichen Höhen. An den Teichwiesen (Hahnenklee) • Tel.: 05325 2576 • www.erlebnisbocksberg.de

KINDER

32 Spielplätze Goslar verfügt über eine große Anzahl von Spielplätzen, viele davon mitten im Grünen. Besonders erwähnenswert sind u. a. der Abenteuerspielplatz am Steinberg oder der Wasserspielplatz am Oberen Floßteich am Liebesbankweg bei Hahnenklee-Bockswiese.

INFORMATIONS-ABC

ANREISE

Mit dem Auto Goslar liegt verkehrsgünstig am Nordrand des Harzes. Aus Richtung Norden, u.a. von Braunschweig und Wolfenbüttel, ist Goslar über die B 395 und B 6 zu erreichen. In Richtung Osten verläuft am Nordrand des Harzes die B 6, die wie eine Autobahn ausgebaut ist. Ostwärts führt die ebenfalls gut ausgebaute B 82 zur A 7 bei Rhüden, auf der man dann nordwärts schnell Hildesheim oder Hannover erreicht und südwärts Göttingen.

Mit der Bahn Als Knotenpunkt etlicher Regionalbahnstrecken ermöglicht Goslar eine bequeme Anreise aus allen Himmelsrichtungen. Durchgehende Verbindungen bestehen von Norden (Braunschweig, Wolfenbüttel mit RB 43/Erixx), aus Richtung Osten von Halle (Saale) oder Magdeburg sowie Halberstadt und Wernigerode, am Wochenende auch Berlin (HEX 4/Transdev), von Bad Harzburg (RB 82/RE 10), im Westen von Kreiensen, teilweise Göttingen (RB 82/DB Regio) sowie im Nordwesten von Hannover und Hildesheim (RE 10/Erixx).

Mit dem Fernbus Flixbus bedient von Goslar aus einmal täglich im Norden Hamburg und Hannover, im Osten bzw. Süden u.a. Halle (Saale), Bayreuth, Nürnberg und München (Linie 129) bzw. mit der Linie 051 zweimal täglich u.a. Magdeburg und Berlin im Osten sowie einmal täglich Göttingen, Kassel, Dortmund, Essen und Düsseldorf im Westen.

Mit dem Flugzeug Der nächstgelegene Flughafen ist Hannover. Dieser ist mit einmaligem Umsteigen in Hannover (Hbf.) mit der RE 10/S 5 erreichbar.

AUSKUNFT

Tourist-Information Goslar Markt 7 • Tel.: 05321 78060 • www.goslar.de • Apr.–Okt Mo.–Fr. 9.15–18 Uhr, Sa. 9.30–16 Uhr, So. 9.30–14 Uhr, Nov.–März Mo.–Fr. 9.15–17 Uhr, Sa. 9.30–14 Uhr

Harz Tourismusverband Marktstraße 45 • Tel.: 05321 34040 • www.harzinfo.de

Tourist-Information Hahnenklee-Bockswiese Kurhausweg 7 (Hahnenklee) • Tel.: 05325 51040 • www.hahnenklee.de • Apr.–Okt. Mo.–Fr. 9–17 Uhr, Sa./So. 9–13 Uhr, Nov.–März Mo.–Fr. 9–16 Uhr, Sa./So. 9–12 Uhr

Tourist-Information Vienenburg Bahnhofstraße 8 (Vienenburg) • Tel.: 05324 1777, • www.vienenburg-tourismus.de • Mo./Mi./Fr. 10.30–12 Uhr, Do. 15–17 Uhr

FAHRRADVERLEIH

Bikeshop Ansorge Wachtelpforte 24 • Tel.: 05321 22027 • www.bikeshop-ansorge.de • Mo.–Fr. 10–18 Uhr, Sa. 9–13 Uhr

Board'n Bikes Rathausstraße 6 (Hahnenklee) • Tel.: 0179 2740477 • www.boardnbikes.de • Mo.–So. 10–17 Uhr (je nach Wetterlage)

MOBILITÄT

Verbundgesellschaft Region Braunschweig Bei Fahrten mit dem Zug oder Bus innerhalb des Landkreises Goslar, aber auch in angrenzenden Landkreisen gilt der Tarif der Verbundgesellschaft Region Braunschweig, d. h., Sie benötigen nur einen Fahrschein, auch bei Wechsel des Verkehrsmittels. Information: Frankfurter Straße 2 • 38122 Braunschweig • Tel.: 0531 2426299 • www.vrb-online.de

Bahnhof mit DB Reisezentrum Der Bahnhof liegt am Nordrand der Innenstadt. DB Reisezentrum • Hildesheimer Straße 53 •Tel.: 05321 42723 • Mo.–Fr. 7.30–18 Uhr, Sa. 8.30–14 Uhr oder Ticketkauf aus den Automaten bzw. im Reisebüro Goslar im Pavillon vor dem Bahnhof

Busbahnhof Der Busbahnhof (ZOB) schließt im Südwesten an den Bahnhof an. Er wird hauptsächlich von den Regionalbussen bedient, darüber hinaus auch von dem Fernbusanbieter Flixbus.

Regionalbusverkehr Die Regional-Linien werden unter der Marke Südniedersachsenbus betrieben. Von Bedeutung sind u. a.: Goslar–Hahnenklee–Clausthal-Zellerfeld (830), Goslar–Oker–Bad Harzburg (810), Goslar–Vienenburg–Beuchte (822). Service-Schalter im DB Reisezentrum: Mo.–Fr. 8–11.30/12–16 Uhr • Tel.: 05321 343110 (Niederlassung in der Klubgartenstraße 10) • www.rbb-bus.de

Stadtbusse Es gibt sechs Stadtlinien. Von Bedeutung ist insbesondere die Linie 803, die zum/vom Bergbaumuseum Rammelsberg verkehrt. Die Stadtbusse fahren nicht vom Busbahnhof ab, sondern von der Extra-Haltestelle zwischen Bahnhof und Pavillon. Stadtbus Goslar • Stapelner Straße 6 • Tel.: 05321 5530 • www.stadtbus-goslar.de • Mo.–Do. 8–17 Uhr, Fr. 8–15 Uhr

Parken In der Innenstadt selbst oder in ihrer unmittelbaren Nähe stehen fast 2.000 Pkw-Stellplätze auf öffentlichen Parkplätzen bzw. Parkhäusern zur Verfügung. Ein Parkleitsystem sorgt dafür, dass Sie schnell einen freien Parkplatz finden. Vielfach können Sie per SMS an die Nummer 44077 zahlen. Eine Übersicht über alle Parkmöglichkeiten ist unter www.goslar.de abrufbar.

Wohnmobilstellplätze Goslar: Füllekuhle B 82/Bertha-von-Suttner-Straße (Nähe Altstadt), 8 Stellplätze • Hahnenklee: Großparkplatz am Fuß vom Bocksberg, 10 Stellplätze • Vienenburg: Am Vienenburger See, Parkplatz Am Schacht 1, 5 Stellplätze

Taxi Die Maxitaxis, maximobil, Tel.: 05321 339955 • Hallo Taxi, Tel.: 05321 22288 • Schwarz Taxen, Tel.: 05321 23333 • Taxi Blankenstein, Tel.: 05321 22222 und 2727

ZEITUNGEN

Goslarsche Zeitung (Medienhaus Krause) • Tageszeitung • Tel.: 05321 333413, www.goslarsche.de.

Daneben gibt es noch mehrere Anzeigenblätter und das Veranstaltungsmagazin „trend", das über Veranstaltungen in und um Goslar informiert, www.goslar-trend.de.

REGISTER

ORTSREGISTER

PERSONENREGISTER

ABBILDUNGSNACHWEIS

Alle Bilder von Michael Schnelle außer:

S. 110: Wikimedia Commons (gemeinfrei), Matz Sincken

Titelfoto: Pecold – Fotolia.de

BILDLEGENDEN

S. 1: Fachwerkgiebel am Markt

S. 6: Ansicht vom Schuhhof

S. 8: Weihnachtsmarkt am Abend

S. 12: Blick auf Goslar von der Restaurant-Terrasse am Maltermeisterturm

S. 14: Alte Förderanlage Bergwerk Rammelsberg

S. 16: Hexen am Kaiserringhaus

S. 18: Unterer Flössteich Richtung Liebesbankweg

S. 20: Bocksberg-Seilbahn im Winter

S. 22: Goslarer Bimmelbahn am Fleischscharren/Rathaus

S. 56: Teufelsturm, Außenansicht mit Wohnhaus

S. 70: Aussicht vom Sudmerberg über Oker zum Brocken

S. 84: Tiefblick vom Bocksberg auf Hahnenklee

S. 98: Brockenbahn Wernigerode: Zug im Bahnhof Westerntor

S. 110: Bildkarte von Goslar und dem Rammelsberg, 1574, von Matz Sincken

Umschlagabbildung vorn: Fachwerkhaus Marktstraße Nr. 1, Sitz der Stadtbibliothek

Umschlagabbildung hinten: Alte Förderanlage Bergwerk Rammelsberg (oben links); Portal der St.-Jakobi-Kirche (oben Mitte); Markt mit Brunnen (unten)

DER AUTOR

Michael Schnelle, geboren 1949 in Hannover, ist Reiseverkehrskaufmann und hat viele Jahre auch als Touristik-Redakteur gearbeitet. Er hat für Zeitungen und Zeitschriften geschrieben und in verschiedenen Verlagen bisher 25 Bücher veröffentlicht. Goslar und Umgebung kennt er seit seiner Kindheit durch unzählige Ausflüge oder auch längere Aufenthalte.

Der Verlag und der Autor freuen sich über Ihre Hinweise:
info@mitteldeutscherverlag.de

Redaktionsschluss: Dezember 2016

Karten: Margot Engel, Leipzig

2017

www.mitteldeutscherverlag.de

Gesamtherstellung: Mitteldeutscher Verlag, Halle (Saale)

ISBN 978-3-95462-810-0

Printed in the EU